revolta e protesto na poesia brasileira

ANDRÉ SEFFRIN
(ORG.)

revolta e protesto na poesia brasileira

142 POEMAS
SOBRE O BRASIL

EDITORA
NOVA
FRONTEIRA

Copyright © 2021 Editora Nova Fronteira Participações S.A.
Copyright © 2021 André do Carmo Seffrin, da organização
Copyright © 2021 Adriano Espínola ("Os grãos-proprietários", "Posse"); Afonso Henriques Neto ("Pequena história"); Alberto Pucheu ("essas pessoas", "Poema para a catástrofe do nosso tempo – XII"); Alexei Bueno ("Tributo", "*Speculum Patriae*"); Alves de Aquino ("Soneto das erratas ou...", "O patriota"); Andityas Soares de Moura Costa Matos ("Teologia da libertação", "Nossa madrugada no país esquecido"); André do Carmo Seffrin ("Ode à censura", "Elegia para Chico Mendes", de Walmir Ayala); André Luiz Pinto ("Ironia? Sem dúvida, mas sem cicuta...", "Essa doença"); Andréa Victor Wolffenbüttel ("A recriação do homem", de Fausto Wolff); Angela Fraga Buarque de Sá ("A maldição do bispo", "O império", de Myriam Fraga); Angélica Freitas ("micro-ondas", "jogos escolares"); Pádua Fernandes ("Revalidação de diplomas"); Aristóteles Angheben Predebon ("Um emprego", "Sendero luminoso", de Francisco Bittencourt); Astrid Cabral ("Descoberta das Américas", "Voz no exílio", "Amoródio verdeamarelo", "Anticanção do exílio"); Braulio Tavares ("Por exemplo: o Leblon", "O caso dos dez negrinhos"); Carlos Corrêa de Araújo Ávila ("Frases feitas", "Constelação das grandes famílias", "Carta sobre a usura", de Affonso Ávila; "Abecedardo", "No governo", de Laís Corrêa de Araújo); Carlos de Assumpção ("500 anos", "História", "Racismo à brasileira"); Carlos Newton Júnior ("Visões" – XVI e XVII, "Soneto"); Cristiana Santiago Tejo ("O meu país", de Orlando Tejo); Elisa Andrade Buzzo ("Nesse eterno abandono colonial"); espólio Roberto Seljan Braga ("Ode aos calhordas", de Rubem Braga); Francisco Junqueira Moreira da Costa ("O desastronauta" (54 – Divisão dos cães, "Há sempre um poema que não se pode escrever", de Flávio Moreira da Costa); Frederico Gomes ("Ode ao dinheiro", "*Homo sapiens*"); Gonçalo de Medeiros Ivo ("Canção inconveniente", "A democracia dos polemistas", "Por que me ufano do meu país", de Lêdo Ivo); Heitor Bastos-Tigre ("No Conselho Municipal", "Grupo dos Chaleiras", de Bastos Tigre); Henrique Marques Samyn ("Sobreviventes, I e II"); Iacyr Anderson Freitas ("A liberdade possível"); Janice Caiafa ("Brasis"); Mafra Carbonieri ("Múltiplo sermão", "Sermão da amarga renúncia", "Notas para o sermão do dinheiro", "Sagração do nada"); Kátia Borges ("O pequeno Hitler"); Luís Antonio Cajazeira Ramos ("Hino à patroa", "Calote", "Soneto neoliberal"); Mariana Ianelli ("Os patriarcas"); Paula Muniz Sant'Anna e Silva e André Muniz Sant'Anna e Silva ("Golpe no Estado", de Sérgio Sant'Anna); Paulo Henriques Britto ("Até segunda ordem – soneto 5"); Pedro José Ferreira da Silva ("Sonnetto do decoro parlamentar", de Glauco Mattoso); Ricardo Vieira Lima ("Indagações de hoje"); Ronaldo Barbosa ("Víbora", "Nesses tempos de *fake news*"); Ruy Espinheira Filho ("Soneto de um triste país"); Sônia Barros ("Futuro").

Direitos de edição da obra em língua portuguesa no Brasil adquiridos pela EDITORA NOVA FRONTEIRA PARTICIPAÇÕES S.A. Todos os direitos reservados. Nenhuma parte desta obra pode ser apropriada e estocada em sistema de banco de dados ou processo similar, em qualquer forma ou meio, seja eletrônico, de fotocópia, gravação etc., sem a permissão do detentor do copirraite.

EDITORA NOVA FRONTEIRA PARTICIPAÇÕES S.A.
Rua Candelária, 60 — 7º andar — Centro — 20091-020
Rio de Janeiro — RJ — Brasil
Tel.: (21) 3882-8200

Dados Internacionais de Catalogação na Publicação (CIP)

S453r   Seffrin, André
           Revolta e protesto na poesia brasileira: 142 poemas sobre o Brasil / André Seffrin.– Rio de Janeiro: Nova Fronteira, 2021.
           272p.

           ISBN: 978-65-5640-324-3

           1. Coleção de poesias. 2. Brasil. I. Título.

CDD: 808.81
CDU: 82-1

André Queiroz – CRB-4/2242

Eu sou aquele, que os passados anos
Cantei na minha lira maldizente
Torpezas do Brasil, vícios, e enganos.

GREGÓRIO DE MATOS, "Aos vícios"

Pobre país, não tens fé,
Não te causa o crime abalo!
Deixas a virtude a pé,
E pões o vício a cavalo.

JOÃO SALOMÉ QUEIROGA, "Piparotes na estátua equestre de Pedro I"

Pátria minha infeliz, onde tal gente
Pretende dominar!
Isto faria rir, se, tristemente,
Não fizesse chorar.

JOAQUIM SERRA, "Pacotilha negreira"

...feliz, senhor, mas o país
requer uma estratégia rígida
e diplomacia leve,
observai os planos de salvá-lo
em mil anos.

ELIZABETH VEIGA, "Reunião"

No princípio
era
a Verba.

CACASO, "A palavra do Senhor"

Primeiro, a gente
pega o que der
Pra que ganância?
Se sobrar alguma coisa
aí sim, aí a gente
pega também

MIGUEL SANCHES NETO, "Não somos assim tão capitalistas"

isso não é poesia
       são fatos

SARA ALBUQUERQUE, "Equação"

SUMÁRIO

Apresentação | 9

Gregório de Matos | 12

Manuel Botelho de Oliveira | 17

Tomás Antônio Gonzaga | 19

Maria Clemência da Silveira Sampaio | 23

Delfina Benigna da Cunha | 25

Maciel Monteiro | 27

Manuel de Araújo Porto-Alegre | 29

Nísia Floresta Brasileira Augusta | 31

Gonçalves de Magalhães | 34

José Joaquim Correia de Almeida | 36

Gonçalves Dias | 39

Laurindo Rabelo | 46

José Bonifácio, o Moço | 53

Luiz Gama | 57

Álvares de Azevedo | 63

Junqueira Freire | 65

Félix Xavier da Cunha | 68

Juvenal Galeno | 70

Pedro Luís | 72

Casimiro de Abreu | 74

Machado de Assis | 76

Fagundes Varela | 80

Castro Alves | 84

Amaro Juvenal | 92

Narcisa Amália | 95

Lobo da Costa | 100

Lúcio de Mendonça | 104

Fontoura Xavier | 109

Arthur Azevedo | 111

Alberto de Oliveira | 114

Raimundo Correia | 116

Cruz e Sousa | 119

Leandro Gomes de Barros | 122

Olavo Bilac | 129

Emílio de Meneses | 136

Péthion de Villar | 138

Bastos Tigre | 141

Francisco das Chagas Batista | 143

Mário de Andrade | 148

Rubem Braga | 152

Lêdo Ivo | 154

Laís Corrêa de Araújo | 156

Carlos de Assumpção | 159

Affonso Ávila | 162

Francisco Bittencourt | 173

Walmir Ayala | 175

Orlando Tejo | 179

Mafra Carbonieri | 182

Astrid Cabral | 186

Myriam Fraga | 190

Fausto Wolff | 193

Sérgio Sant'Anna | 199

Ruy Espinheira Filho | 202

Flávio Moreira da Costa | 204

Afonso Henriques Neto | 207

Frederico Gomes | 209

Braulio Tavares | 212

Glauco Mattoso | 215

Paulo Henriques Britto | 217

Adriano Espínola | 219

Luís Antonio Cajazeira Ramos | 221

Janice Caiafa | 224

Ronaldo Cagiano | 226

Iacyr Anderson Freitas | 229

Alexei Bueno | 231

Carlos Newton Júnior | 233

Alberto Pucheu | 236

Sônia Barros | 240

Kátia Borges | 242

Ricardo Vieira Lima | 244

Pádua Fernandes | 247

Angélica Freitas | 250

Alves de Aquino | 254

André Luiz Pinto | 257

Andityas Soares de Moura Costa Matos | 259

Mariana Ianelli | 261

Henrique Marques Samyn | 263

Elisa Andrade Buzzo | 265

Agradecimentos | 269

Sobre o organizador | 271

APRESENTAÇÃO

NOSSO DESCONFORTO EM BERÇO ESPLÊNDIDO

> – Quem é você?
> – Saiba o *seu doutor general* que sou Antônio Beato e eu mesmo vim por meu pé me entregar porque a gente não tem mais opinião e não aguenta mais.
> E rodava lentamente o gorro nas mãos lançando sobre os circunstantes um olhar sereno.
> – Bem. E o Conselheiro?
> – O nosso bom Conselheiro está no céu...
> EUCLIDES DA CUNHA, *Os sertões*

Nesta antologia, a fragilidade da poesia confronta políticos corruptos, magistrados ineptos, agentes públicos relapsos, a burocracia e outras patacoadas provincianas que ainda e sempre nos assediam. São contundentes recados de nossos poetas contra várias formas de opressão e injustiça. Claro, não fomos, ao longo do tempo, o único país assim, mas temos as nossas peculiaridades nessa tragicomédia brasileira que vem de longe.

No mais, todos sabemos, ou deveríamos saber, que *Os sertões*, a epopeia de Euclides da Cunha, revelou mais que um Brasil fraturado, um país abandonado à própria sorte por seus governantes e há séculos espoliado em todas as direções. Apesar disso, não paramos de sonhar com uma nação para amar e, quem sabe até, idolatrar, embora não pela via entorpecente do ufanismo e da cartilha cívica sovados naquela antiga ideia de "país do futuro" (quando?) – esse falso país que só existe na publicidade política e nos frouxos versos do seu hino parnasiano. Por falar em hino, Mario Quintana nos ajuda a descascar esse abacaxi: "Como se sabe, é seu autor Osorio Duque Estrada, mau poeta e crítico feroz, e que só assim, como autor do hino, passou à posteridade." E acrescenta:

> É claro que um hino nacional, destinado a ser cantado pelas crianças das escolas e pela gente do povo, antes de tudo tem de ser simples, compreensível, ao alcance de todos. Ora, o hino de Duque Estrada está cheio de palavras "difíceis": plácidas, fúlgidos, vívidos, flâmula etc.
> Pobres crianças... Como lhes é difícil, assim, amar o Brasil! Não, o amor à pátria devia ser coisa menos complicada...
> E isto sem falar na inconsciente e atroz ironia daquele verso: "Deitado eternamente em berço esplêndido."

É o Brasil real *versus* o Brasil de mentira, que os poetas desta antologia procuram entender e talvez explicar em poemas satíricos, de humor corrosivo, ou em poemas de desconsolo e angústia. Enfrentam o tema mesmo poetas que procuraram não se envolver com a questão social. Um tanto ao sabor de nossas tristezas cotidianas, essas que fizeram um dia o mesmo Quintana apelar para aquele seu "vago País de Trebizonda" no mesmo passo do Manuel Bandeira de Pasárgada. Isto é, a evasão libertadora. Ao contrário, o país que temos desenhado neste livro é o que nos assiste, o das práticas políticas suspeitas, dos mais malfadados governos. Como apontou Cecília Meireles em seu *Romanceiro da Inconfidência*: "Do Caeté a Vila Rica,/ tudo ouro e cobre!/ O que é nosso, vão levando.../ E o povo aqui sempre pobre!"

Por justiça, por autoridades menos boçais e contra o colonialismo, os poetas protestam. Desde Gregório de Matos, Manuel Botelho de Oliveira e as historicamente datadas *Cartas chilenas*, de Tomás Antônio Gonzaga, que hoje nos dizem de um povo que, embora acuado, não silencia. E isso ocorreu até com poetas românticos, de ímpeto nacionalista, como Maria Clemência da Silveira Sampaio, Gonçalves de Magalhães e

Manuel de Araújo Porto-alegre, que, de alguma forma, também sonharam com um Brasil menos vitimado pela rapina colonialista.

Por descuido ou infortúnio, é o país que merecemos? Talvez, nossos crimes e nossos castigos. E assim em todos os níveis, sejam eles federal, estadual, municipal e alhures. Do Brasil Colônia ao Brasil Império, da chamada República Velha a tudo que veio depois, no ir e vir de promessas que nunca se cumpriram e eternas se repetem na boca de tiranos de ocasião, déspotas de província, baixo clero político que se disfarça de bem-amado ou salvador da pátria. Sempre os mesmos nos seus variados matizes, a impor mordaças à verdade, a abusar do poder, a perpetuar assaltos ao dinheiro público como promotores maiores de uma insidiosa desigualdade social da qual nunca conseguimos nos livrar.

Por meio de sátiras mordazes ou irônicas paráfrases, em diversas formas de expressão poética, que às vezes pendem para o épico e outras para o epigramático, nossos poetas constantemente afiam as suas lâminas do grito. As epopeias, de fato, não prosperaram na poesia brasileira. São outros os tempos. E mesmo se Euclides da Cunha tivesse escrito em versos o epopeico *Os sertões*, nosso destino, é óbvio, não mudaria. Mudará um dia?

Seja como for, pelos afortunados caminhos da poesia, aqui procuramos refletir nosso desconforto em berço esplêndido.

André Seffrin

GREGÓRIO DE MATOS
(1636, SALVADOR, BA – 1695, RECIFE, PE)

Poeta ou mesmo uma constelação de poetas num tempo em que a noção de individualidade autoral não existia como hoje, sua poesia sobreviveu em códices manuscritos, não de todo comprovados, e começou a ser mais divulgada a partir de meados do século XIX. O historiador Alfredo do Valle Cabral (1851-1894) foi seu primeiro antologista, mais tarde seguido por muitos outros. Entre as edições talvez mais difundidas de Gregório de Matos, contam-se *Obra poética* (1990, 2 v., organização de James Amado), *Poemas escolhidos* (2010, organização de José Miguel Wisnik) e *Poemas atribuídos: Códice Asensio-Cunha* (2013, 5 v., organização de João Adolfo Hansen e Marcello Moreira). Nosso primeiro poeta de protesto, sem freio, sem amarras, a ponto de ganhar o apelido Boca do Inferno. Um poeta espontâneo, próximo da oralidade, adequado aos assuntos que nos definiram desde cedo, aos problemas nossos mais imediatos que perduram.

Juízo anatômico dos achaques que padecia o corpo da República, em todos os membros, e inteira definição do que em todos os tempos é a Bahia.

Que falta nesta cidade?......................... Verdade.
Que mais por sua desonra?................... Honra.
Falta mais que se lhe ponha?............... Vergonha.

    O demo a viver se exponha,
    Por mais que a fama a exalta,
    Numa cidade onde falta
    Verdade, honra, vergonha.

Quem a pôs neste socrócio?................. Negócio.
Quem causa tal perdição?..................... Ambição.
E no meio desta loucura?...................... Usura.

    Notável desaventura
    De um povo néscio e sandeu,
    Que não sabe, que o perdeu
    Negócio, ambição, usura.

Quais são os seus doces objetos?............. Pretos.
Tem outros bens mais maciços?........... Mestiços.
Quais destes lhe são mais gratos?........ Mulatos.

    Dou ao demo os insensatos,
    Dou ao demo o povo asnal,
    Que estima por cabedal
    Pretos, mestiços, mulatos.

Quem faz os círios mesquinhos?.......... Meirinhos.
Quem faz as farinhas tardas?................ Guardas.
Quem as tem nos aposentos?............... Sargentos.

    Os círios lá vêm aos centos,
    E a terra fica esfaimando,
    Porque os vão atravessando
    Meirinhos, guardas, sargentos.

E que justiça a resguarda?.................... Bastarda.
É grátis distribuída?............................ Vendida.
Que tem, que a todos assusta?............. Injusta.

    Valha-nos Deus, o que custa,
    O que El-Rei nos dá de graça.
    Que anda a Justiça na praça
    Bastarda, vendida, injusta.

Que vai pela clerezia?....................... Simonia.
E pelos membros da Igreja?............... Inveja.
Cuidei, que mais se lhe punha?........... Unha

    Sazonada caramunha!
    Enfim, que na Santa Sé
    O que mais se pratica, é
    Simonia, inveja e unha.

E nos frades há manqueiras?............... Freiras.
Em que ocupam os serões?.................. Sermões.
Não se ocupam em disputas?............... Putas.

    Com palavras dissolutas
    Me concluo na verdade,
    Que as lidas todas de um frade
    São freiras, sermões e putas.

O açúcar já se acabou?............................ Baixou.
E o dinheiro se extinguiu?.................. Subiu.
Logo já convalesceu?......................... Morreu.

    À Bahia aconteceu
    O que a um doente acontece,
    Cai na cama, o mal cresce,
    Baixou, subiu, e morreu.

A Câmara não acode?.......................... Não pode.
Pois não tem todo o poder?.................. Não quer.
É que o Governo a convence?.............. Não vence.

    Quem haverá que tal pense,
    Que uma câmara tão nobre,
    Por ver-se mísera, e pobre,
    Não pode, não quer, não vence.

Contemplando nas cousas do mundo desde o seu retiro, lhe atira com o seu ápage, como quem a nado escapou da tromenta

Soneto

Neste mundo é mais rico, o que mais rapa:
Quem mais limpo se faz, tem mais carepa:
Com sua língua ao nobre o vil decepa:
O velhaco maior sempre tem capa.

Mostra o patife da nobreza o mapa:
Quem tem mão de agarrar, ligeiro trepa;
Quem menos falar pode, mais increpa:
Quem dinheiro tiver, pode ser Papa.

A flor baixa se inculca por Tulipa;
Bengala hoje na mão, ontem garlopa:
Mais isento se mostra, o que mais chupa.

Para a tropa do trapo vazo a tripa,
E mais não digo, porque a Musa topa
Em apa, epa, ipa, opa, upa.

MANUEL BOTELHO DE OLIVEIRA
(1636, SALVADOR, BA – 1711)

Em 1705 imprimiu em Lisboa *Música do parnaso*, volume que reuniu poemas e duas comédias. Deixou dois livros inéditos preparados para impressão: *Lira sacra*, poemas reunidos em 1703, e *Conceitos espirituais*, prosa reunida em 1706. *Lira sacra* foi publicado em São Paulo em 1971; *Conceitos espirituais* permanece inédito. Nos trezentos anos de sua estreia em livro, tivemos as reedições de *Música do parnaso* (2005, organização de Ivan Teixeira) e *Poesia completa: Música do parnaso/Lira sacra* (2005, organização de Adma Muhana). Escreveu um único poema que podemos considerar de protesto, frequente em antologias.

Contra os julgadores – soneto XII

Que julgas, ó ministro da justiça?
    Por que fazes das leis arbítrio errado?

    Cuidas que dás sentença sem pecado?
    Sendo que algum respeito mais te atiça.
Para obrar os enganos da justiça,
    Bem que teu peito vive confiado,
    O entendimento tens todo arrastado
    Por amor, ou por ódio, ou por cobiça.
Se tens amor, julgaste o que te manda;
    Se tens ódio, no inferno tens o pleito,
    Se tens cobiça, é bárbara, execranda.
Oh miséria fatal de todo o peito!
    Que não basta o direito da demanda,
    Se o julgador te nega esse direito...

TOMÁS ANTÔNIO GONZAGA
(1744, PORTO, PORTUGAL – 1810, MOÇAMBIQUE)

Poeta e ensaísta, considerado entre os melhores do nosso Arcadismo, ao lado de Claudio Manuel da Costa, Alvarenga Peixoto, Silva Alvarenga, Basílio da Gama e Santa Rita Durão, todos atuantes nas Minas Gerais da segunda metade do século XVIII. Sempre mais lembrado por *Marília de Dirceu* (1792), de evidente e superior qualidade poética, e menos pelas anônimas *Cartas chilenas*, que circularam em Vila Rica (atual Ouro Preto) em fins do século XVIII, assinadas com pseudônimo (Critilo) e das quais 13 chegaram aos nossos dias. A autoria a muito custo lhe foi enfim atribuída depois de muitas idas e vindas de estudos da época histórica e de provas de estilo – não podia ser outro o autor das cartas senão Gonzaga, embora ainda pairem dúvidas sobre o número exato delas (em códices manuscritos, como acontece com os poemas atribuídos a Gregório de Matos) e de um texto não de todo estabelecido. Boas edições de Gonzaga vamos encontrar em *Obras completas* (1957, 2 v., organização de Rodrigues Lapa) e *Cartas chilenas* (2006, organização de Joaci Pereira Furtado). Nos fragmentos selecionados temos um pouco da verve desse misterioso Critilo, que escreve sobre as "desordens que fez no seu governo Fanfarrão Minésio". E tudo se passa numa cidade de fantasia, Santiago do Chile, em relatos endereçados ao amigo Doroteu, residente na Espanha (são tantos os disfarces). Esse *Chile* parecido com o Brasil nada mais é que a Vila Rica da Inconfidência Mineira, época da Capitania de Minas Gerais sob a corrupta administração de Luís da Cunha Meneses, o tal Fanfarrão Minésio. Umas das mais célebres e importantes sátiras da literatura brasileira.

Carta 3.a
(fragmento)

Já disse, Doroteu, que o nosso chefe,
Apenas principia a governar-nos,
Nos pertende mostrar que tem um peito
Muito mais terno, e brando, do que pedem
Os severos ofícios do seu cargo.
Agora cuidarás, prezado amigo,
Que as chaves das cadeias já não abrem,
Comidas de ferrugem? Que as algemas,
Como trastes inúteis se furtaram?
Que o torpe executor das graves penas
Liberdade ganhou? Que já não temos
Descalços guardiães, que à fonte levem,
Metidos nas correntes os forçados?
Assim, prezado amigo, assim devia
Em Chile acontecer, se o nosso chefe
Tivesse em governar algum sistema.
Mas, meu bom Doroteu, os homens néscios
Às folhas dos olmeiros se comparam;
São como o leve fumo, que se move
Para partes diversas, mal os ventos
Começam a apontar, de partes várias.
Ora pois, doce amigo, atende o como
No seu contrário vício degenera
A falsa compaixão do nosso chefe,
Qual o sereno mar, que, num instante
As ondas sobre as ondas encapela.

Pertende, Doroteu, o nosso chefe
Erguer uma cadeia majestosa,
Que possa escurecer a velha fama
Da torre de Babel, e mais dos grandes
Custosos edifícios que fizeram,
Para sepulcros seus, os reis do Egito.
Talvez, prezado amigo, que imagine
Que neste monumento se conserve
Eterna a sua glória, bem que os povos
Ingratos não consagrem ricos bustos
Nem montadas estátuas ao seu nome.

Desiste, louco chefe, dessa empresa;
Um soberbo edifício levantado
Sobre ossos de inocentes, construído
Com lágrimas dos pobres, nunca serve
De glórias ao seu autor, mas, sim, de opróbrio.

Carta 8.a
(fragmento)

Os chefes, Doroteu, que só procuram
De barras entulhar as fortes burras,
Desfrutam juntamente as mais fazendas,
Que os seus antecessores levantaram.
Nem deixam descansar as férteis terras
Enquanto não as põem em sambambaias.
Aqui agora tens, meu Silverino,
O teu próprio lugar. Tu és honrado,
E prezas, como eu prezo, a sã verdade;
Por isso nos confessas que tu ganhas
A graça deste chefe, porque envias,
Pela mão de Matúsio, seu agente,
Em todos os trimestres, as mesadas.
Eu sei, meu Silverino, que quem vive
Na nossa infeliz Chile, não te impugna
Tão notória verdade. Porém deve
Correr estranhos climas esta história;
E como tu não vás também com ela,
É justo que lhe ponha algumas provas.

A sábia lei do reino quer e manda
Que os nossos devedores não se prendam:
Responde agora tu, por que motivo
Concede o grande chefe, que tu prendas
A quantos miseráveis te deverem?
Por que, meu Silverino? Porque largas,
Porque mandas presentes, mais dinheiro.
As mesmas leis do reino também vedam
Que possa ser juiz a própria parte:
Responde agora mais, por que princípio
Consente o nosso chefe, que tu sejas

O mesmo que encorrente a quem não paga?
Por que, meu Silverino? Porque largas,
Porque mandas presentes, mais dinheiro.
Os sábios generais reprimir devem
Do atrevido vassalo as insolências:
Tu metes homens livres no teu tronco;
Tu mandas castigá-los, como negros;
Tu zombas da justiça, tu aprendes;
Tu passas portarias, ordenando,
Que com certas pessoas não se entenda.
Por que, por que razão o nosso chefe
Consente que tu faças tanto insulto,
Sendo um touro, que parte ao leve aceno?
Por que, meu Silverino? Porque largas,
Porque mandas presentes, mais dinheiro.
A lei do teu contrato não faculta,
Que possas aplicar aos teus negócios
Os públicos dinheiros. Tu com eles
Pagaste aos teus credores grandes somas:
Ordena a sábia junta, que dês logo
Da tua comissão estreita conta:
O chefe não assina a portaria,
Não quer que se descubra a ladroeira.

MARIA CLEMÊNCIA DA SILVEIRA SAMPAIO
(1789, ESTREITO, RS – 1862, RIO GRANDE, RS)

Autora de *Versos heroicos* (1823), folheto de oito páginas publicado no Rio de Janeiro, e *Saudosa expressão da Pátria*, publicado em 1847 no jornal *O Rio-Grandense* (n. 204, em Rio Grande, 17 de julho de 1847), informações que devemos à Maria Eunice Moreira, organizadora da edição que reúne os dois poemas em *Uma voz ao sul: os versos de Maria Clemência da Silveira Sampaio* (2003). O segundo poema foi motivado pela morte do Príncipe Herdeiro Afonso Pedro, e é portanto um protesto que deplora o desaparecimento de um futuro monarca que "venturas imensas" prometia ao Brasil. Uma esquecida voz de mulher nos primórdios de nossa poesia de ânimo social, ou melhor, político.

Saudosa expressão da pátria
(fragmento)

> À sempre sentida morte
> de Dom Afonso Pedro

Que lutos, ó Brasil, teu solo assombra
Que mágoa que aflição te penaliza?
E por que te sufocam repetidos
    Clamorosos soluços?
Que desgraça tão acerba lamentas?
Que tens, ó pátria minha, que tristeza,
    Teu rosto desfigura
Te oprime o coração! E aflito banhas
De pranto teu semblante macilento!
Ai! mísero Brasil, ele responde,
Oh! Que pungente dor me dilacera!
De mágoa arqueja meu aflito peito!
Ai! mísero Brasil ó dor perdeste
A grata flor de preciso aroma,
Que o Céu nos concedera, esperançoso
Que venturas imensas prometias!
(...)

(1847)

DELFINA BENIGNA DA CUNHA
(1791, SÃO JOSÉ DO NORTE, RS – 1857, RIO DE JANEIRO, RJ)

Cega desde criança, e órfã (consta que teve a proteção dos imperadores Pedro I e Pedro II), remanescente do arcadismo, publicou *Poesias oferecidas às senhoras rio-grandenses* (1834) e *Coleção de várias poesias dedicadas à Imperatriz viúva* (1846), o primeiro reeditado no Rio de Janeiro em 1838 e novamente no Rio Grande do Sul, desta vez com organização de Carlos Alexandre Baumgarten, em 2001. Alternou-se entre a poesia política, encomiástica e lírica.

Mote

A vil ambição do mando
Presta auxílio à tirania.

Glosa

Triste Brasil, até quando
Haveis d'estar iludido,
Até quando submetido
À vil ambição do mando?
Os ímpios te vão cavando
Abismos de dia, em dia.
Co'a másc'ra d'hipocricia
A seus fins buscam chegar;
E quem os quer escutar
Presta auxílio à tirania.

(*Poesias oferecidas às senhoras rio-grandenses*, 1834)

MACIEL MONTEIRO
(1804, RECIFE, PE – 1868, LISBOA, PORTUGAL)

Poeta e orador parlamentar, todo seu legado literário não ultrapassa 30 poemas, reunidos duas ou três vezes até a chegada do volume *Poesias* (1962), muito bem organizado por José Aderaldo Castello, embora com três poemas atribuídos por equívoco ao poeta. Mais conhecido pelo famoso soneto "Formosa", presente em numerosas antologias, e apesar de poeta de impulsos românticos e encomiásticos, aqui o temos em raro momento de humor e ironia.

Posturas municipais
Epigrama

Se há posturas de galinhas,
também há municipais;
aquelas produzem ovos,
estas sono e nada mais!

Recife, 1836.

(*Poesias*, 1905)

MANUEL DE ARAÚJO PORTO-ALEGRE
(1806, RIO PARDO, RS – 1879, LISBOA, PORTUGAL)

Ou Barão de Santo Ângelo. Pintor de motivos históricos e de paisagem, caricaturista, poeta, ficcionista, arquiteto, comediógrafo, professor da Escola de Belas Artes e diplomata. Publicou, entre outros livros, *Brasilianas* (1863) e *Colombo* (1866), poema de 25 mil versos, atualmente esquecido – na opinião de Fausto Cunha, merece ser recordado quando menos para avaliação de sua influência sobre importantes poetas posteriores, entre os quais Raimundo Correia. Curiosidade: até hoje é comum grafar seu nome de maneira errada, que ele pedia fosse assim: Porto-alegre.

A destruição das florestas
(fragmento do Canto III)

....
Nos teus rios diamantinos,
Nas tuas montanhas de ouro,
Se ajunta o maior tesouro,
Que o mundo pode invejar!

Nas tuas florestas virgens
Tens mil esquadras, mil pontes,
E nas entranhas dos montes
Tudo p'ra um mundo comprar!

Combate, suplanta, esmaga,
Num sec'lo de vandalismo,
O vil, sedento egoísmo,
Que no teu solo se alçou.

A pigmeus não consintas
Traçar teu futuro e glória,
Que no templo da memória
Mesquinha mão não entrou.

Ainda teu solo esmalta
Da virtude a planta augusta:
Com tal germe nada custa
À nobre estrada volver.

(*Brasilianas*, 1863)

NÍSIA FLORESTA BRASILEIRA AUGUSTA
(1810, PAPARI, ATUAL NÍSIA FLORESTA, RN – 1885, BONSECOURS, FRANÇA)

Pseudônimo de Dionísia Freire Lisboa. Poeta, tradutora, romancista, cronista, ensaísta, memorialista, professora, abraçou as causas libertárias de seu tempo, como a República e o abolicionismo, e foi precursora no Brasil das lutas em defesa da mulher. Na Europa, onde viveu por mais de três décadas, também lecionou, publicou livros e atuou na imprensa. *A lágrima de um caeté*, poema publicado no Rio de Janeiro em 1849 (sob o pseudônimo Telezila), teve sua 4ª edição organizada por Constância Lima Duarte em 1997.

A lágrima de um caeté
(fragmento)

Era um Caeté, que vagava
Na terra que Deus lhe deu,
Onde Pátria, esposa e filhos
Ele embalde defendeu!...

É este... pensava ele,
O meu rio mais querido;
Aqui tenho às margens suas
Doces prazeres fruído...

Aqui, mais tarde trazendo
N'alma triste, acerba dor,
Vim chorar as praias minhas
Na posse do usurpador!

Que de invadi-las
Não satisfeito,
Vinha nas matas
Ferir-me o peito!

Ferros nos trouxe,
Fogo, trovões,
E de cristãos
Os corações

E sobre nós
Tudo lançou!
De nossa terra
Nos despojou!

Tudo roubou-nos,
Esse tirano,
Que povo diz-se
Livre e humano!

Filho se diz
De Deus Potente
De quem profana
A obra ingente!

   Ó terra de meus pais, ó Pátria minha!
Que seus restos guardando, viste de outros
Longo tempo a bravura disputar
Ao feroz estrangeiro a Pátria nossa,
A nossa liberdade, os frutos seus!...
Recolhe o pranto meu, quando dispersos
Pelas vastas florestas tristes vagam
Os poucos filhos teus à morte escapos,
Ao jugo de tiranos opressores,
Que em nome do piedoso céu vieram
Tirar-nos estes bens que o céu nos dera!
As esposas, a filha, a paz roubar-nos!...
Trazendo d'Além mar as leis, os vícios,
Nossas leis e costumes postergaram!

(*A lágrima de um caeté*, 1849)

GONÇALVES DE MAGALHÃES
(1811, RIO DE JANEIRO, RJ – 1882, ROMA, ITÁLIA)

Domingos José Gonçalves de Magalhães ou Visconde de Araguaia, médico, professor, político, poeta, publicou, entre outros livros, *Poesias* (1832), *Suspiros poéticos e saudades* (1836), *A confederação dos tamoios* (1856), *Urânia* (1862), *Poesias avulsas* (1864). Tem vários poemas dedicados a Manuel de Araújo Porto-alegre, de quem foi amigo, e com o livro de 1836 deu início (oficialmente) à escola romântica entre nós. Também fez muito pelo teatro nacional. Da enxundiosa epopeia *A confederação dos tamoios*, tivemos em 2007 uma reedição fac-similar (da primeira, de 1856), acompanhada de excelente fortuna crítica e organizada por Maria Eunice Moreira e Luís Bueno.

Ao dia Aniversário da Independência do Brasil
(fragmento)

....
    Oh Pátria, ao menos hoje
Ergue-te acima de paixões mesquinhas
O passado contempla, e vai volvendo
As páginas vazias dos teus fastos.
    Teme, vendo o presente,
O presente confuso, emaranhado,
Como um desses teus bosques mais espessos
    Pela noite envolvidos,
Onde o homem se perde, e mal divisa
A vaga luz de errantes pirilampos,
    Que a estrada que não mostram;
Emblemas desses nomes de luz parcos
    Que nada significam,
E, sem eco deixar, entre nós passam:
Nomes que mal se elevam da poeira,
    Dos vendavais ao sopro,
E poluídos nela se sepultam,
As esperanças todas malogrando.

Oh Pátria, oh Pátria, o teu destino pesa;
    Contempla o teu futuro!
Teu futuro, oh meu Deus, qual será ele?

Como distante estás do que ser deves!
E tu dormes!... tu dormes!... tu não ouves
    Uma voz que te chama,
Uma voz que te diz: – Brasil, acorda!
Acorda e marcha! Quando o povo dorme,
    Ai do povo! Ai da Pátria!
....

JOSÉ JOAQUIM CORREIA DE ALMEIDA
(1820, BARBACENA, MG – 1905)

Ordenado padre em 1844, foi logo afastado do sacerdócio por ter revelado, em poemas, segredos do confessionário. Professor de latim e poeta bastante popular em seu tempo (fins do Império, inícios da República), sua sátira não poupou o meio em que viveu. Publicou *Sátiras, epigramas e outras poesias* (1854, título que manteve nas outras seis coletâneas seguintes, de 1858 a 1879), *A república dos tolos* (dois volumes, 1881 e 1887), *Sonetos e sonetinhos* (1884 e 1887), *Sensaborias métricas* (dois volumes, 1890 e 1892), *Decrepitudes metromaníacas* (1894), *Produções da caducidade* (1896) e *Puerilidades de um macróbio* (1898), entre outros. A antologia *Sátiras, epigramas e outras poesias* (1982) foi organizada em Barbacena por um dedicado admirador chamado José Américo. É a edição mais recente desse poeta que Sacramento Blake (em *Dicionário bibliográfico brasileiro*, 1898) compara – com exagero, é claro – a Gregório de Matos. "A dança dos partidos", excelente recado de humor e sarcasmo ao nosso sistema político, é um de seus poemas mais citados, mas, como podemos observar, sua obra, hoje pouco lembrada, vai além.

A dança dos partidos

Os dois estragadíssimos partidos
ocupam a seu turno a governança,
e nós imos vivendo da esperança
de ver os nossos males combatidos.

Os quinhões são de novo repartidos,
toda a vez que se dá qualquer mudança;
se aquele outrora encheu, este enche a pança
e os clamores do povo são latidos.

Se as velhas leis têm sido violadas,
Estando nossas crenças abaladas,
Novas leis não darão melhores normas.

Palavras eu não sei se adubam sopa,
Mas a fala do trono é que não poupa
Reformas e reformas e reformas.

(*Sensaborias métricas*, 1892)

Destruição sem reparação

Governo Brasileiro
que enxergue não direi!
Derruba-se o pinheiro
madeira que é de lei.

E havendo porção tanta,
e sobra de pinhões,
um só não se replanta
a bem das construções!

Ocupa-se o governo do presente,
o bom ou mau porvir nada lhe importa,
qualquer protesto é nulo e impertinente,
e quem vier atrás que feche a porta!

In medio stat virtus

Governou a república o soldado,
e governa a república o paisano;
o supremo poder tem funcionado
do modo mais feroz ou mais humano.

Depois de assim ter sido revezado,
que será de hoje a pouco mais de um ano?
Deverá ser eleito algum togado?
Deverá ser eleito um miliciano?

Para que se não dê desgosto às partes,
pode, sem se empregar as malas artes,
salvar-se a das mais justas ambições.

É o melhor dos alvitres que se eleja
um *General Civil*, que então se veja
de espada e de casaca e de calções.

(*Sátiras, epigramas e outras poesias*, 1982)

GONÇALVES DIAS
(1823, SÍTIO BOA VISTA, ANTIGA ALDEIAS ALTAS, ATUAL CAXIAS, MA – 1864, NO NAUFRÁGIO DO VILLE DE BOULOGNE, PRÓXIMO À VILA DE GUIMARÃES, MA)

Também prosador, dramaturgo, tradutor e dicionarista, publicou *Primeiros cantos* (1846), *Segundos cantos e Sextilhas de Frei Antão* (1848), *Últimos cantos* (1851) e *Os Timbiras* (1857), entre outros livros depois reunidos pelo abnegado amigo Antônio Henriques Leal nos seis volumes de *Obras póstumas* (1868-1869). E aqui temos dois raríssimos poemas de cunho político e satírico, uma vez que em sua poesia são mais conhecidos os poemas líricos ou de sopro épico e indianista, como *Os Timbiras* e a obra-prima *I-Juca-Pirama*.

A certa autoridade
> Que ameaçou os músicos por terem tocado
> no aniversário da independência de Caxias

Eu julguei que o fausto dia
Desta nossa independência
Merecesse mais clemência,
Quando não simpatia,
Desta nossa fidalguia
    De Caxias!
Mas por minha alma que não,
    Eu não sei
    Por que pecados,
Mas é certo que um coitado
    Coronel
    Presunçoso,
    E medroso,
    E cruel,
Que só sabe pintar letras,
Ordenou à nossa orquestra
De ser muda neste dia,
Ou do contrário à faria
    Recrutar,
    Ou tocar
Nas masmorras do quartel!
    Certamente
    Nunca vi
    Bentevi
    Tão demente!
Pois, coronel tresloucado
Queres meter na enxovia
Os filhos da Melodia,
Só por haverem tocado
Em tão majestoso dia?
Não o creio – mas parece
Que ouvi-los te aborrece,
Que ouvi-los te não recreia,
Ou que amigo, ou que parente,
Amado mui ternamente
Tens preso lá na cadeia.

Realmente,
Coronel,
Tens uma alma
Bem cruel,
Tens uma alma
Pavorosa,
Por que não goza
Deste mundo
Senão quando
Escuta o grito
Miserando
E profundo
De um aflito
Sem delito,
Que geme,
E suspira,
E delira
Em masmorra
    Cruel.

Caxias – 1 de agosto de 1845.

Que cousa é um ministro

I

O Ministro é a fênix que renasce
Das cinzas de outro, que lhe a vez cedeu:
Nasce num dia como o sol que nasce,
Morre numa hora como vil sandeu!

Se nódoas tem, uma excelência as caia;
Mortal sublime, que não sabe rir,
Do vulgo inglório não pertence à laia,
Dará conselhos, se se lhe pedir!

Um bípede de pasta, não de barro,
Nos pés se firma por favor de Deus!

Dois fardas-rotas trotam trás do carro
Em ruços magros como dois lebréus.

Agora, sim: temos a pátria salva,
Não fará este o que já o outro fez!
Grande estadista! basta ver-lhe a calva,
D'homem assim não há dizer — talvez!

Vede-lhe a pasta, que de cheia estala
Só de projetos que farão feliz
A pátria ingrata, que seus feitos cala,
Ou mais que ingrata, o nome seu maldiz!

Vede-lhe o saco – carga de um jumento,
Com borlas d'ouro e verde! – No costal,
Castigo do ordenança, lê-se atento
Projetos mil! secretaria tal!

Casai-vos pois! – Quem veste aquela farda
Há de fazer o que mui bem quiser!
Vem-lhe com ela uma sabença em barda!
Por isso acerta, quando Deus lá quer!

Se lhe lanças baldões na própria cara
Diz a alguém que o defenda, e chega a si
Com intrínseco amor a pasta cara,
E exclama: "Ó pátria, morrerei por ti!"

Ó Codros, Cúrcios, Fábios, Cincinatos,
Carunchosos heróis da antiga história,
Vinde-me aqui, e ponde-vos de rastos
Junto d'este que vence a qualquer glória!

Pois que faríeis vós? Verter do peito
O melhor sangue... pela pátria acabar!...
Imbecis! – pois mais vale com proveito
Da pátria à custa a vida flautear!

Ou se não, vede-me este que anafado,
Nédio, de cara alegre, ânimo audaz,

Faz de si quando quer um deputado,
Ministro quando quer! Mas que mal faz?

Notas-lhe a fronte de cuidados cheia,
Nuvens e nuvens vedes aí passar.
Como na praia turbilhões de areia,
Como em tormenta os vagalhões no mar!

Grande homem! dize: que temor te afronta?
A nau do Estado salvarás talvez!...
Qual nau do Estado?! é a horrorosa conta
Dos ruços magros, que alugou por mês!

II

Basta enfim, que é mortal feito com pasta,
Fardado, com teteias, com galão!
Trata-se de comer – nada lhe basta;
Mas dizem que é sujeito à indigestão!

Trata-se de falar!... Aplaude-o junta,
Em peso a maioria, – homem feliz!
Mais modesto que o grego não pergunta,
Tem a certeza de que asneira diz!

Trata-se de escrever!... Vede em que espaço
Folhas e folhas de papel encheu!
Cem vezes mil em ruim papel de almaço
Soberbo assina o nome ilustre seu!

Mas n'um dia nefasto, a turbamulta
Irosa vai-se à estátua do imortal,
Com duro esparto o ilustre colo insulta
Té dar com ele em fundo lodaçal!

Logo, farda, florete, pendrucalhos
Vão para um canto a criar mofo lá!
Limpa-se o carro! pensam-se os cavalos,
Memento, homo! – Está bem morto já!

Mesmo os sendeiros dos dois fardas-rotas,
Na rua empacam, sem querer seguir!
Debalde os tosam co'o tacão das botas,
Deitam na rua a papelada: é rir!

Agora, pois, que não há d'essa gente,
Vão nossas cousas caminhar a sós!...
Mas que poeira vê-se de repente
Lá no horizonte em direitura a nós?!

Inda um ministro!... grande Deus bendito
Doirado d'inda agora, e fresco, e assim
Vem tão contente de se ver bonito,
No olhar parece que vos diz... Eu, sim!

Eia, depressa! meus dois fardas-rotas,
Toca de novo pasta e saco a encher,
Dá-lhe que dá-lhe co'o tacão das botas
Trás do ministro largando a correr!

E ei-lo que passa, o homem d'outro barro
Que tem dois pés; mas por favor dos céus!
E os dois fardas-rotas lá vão trás do carro,
Nos rocins magros, como dois lebréus!

III

Bípede, sim; mas a cair de bruços,
Não poderia ter-se em pé jamais,
Por isso marcham na vanguarda os ruços,
Sem terem culpa, pobres animais!

Dizem também, mas não o dou por certo,
Que um d'esses lesmas, já assim falou –
Foi um discurso de zurrar aberto,
Do senado um taquígrafo o tomou:

"Ó tu que tens de humano o gesto e o peito,
Se de humano é matar um bicho feio
Só porque o costado tem sujeito
A quem lhe soube pôr o sujo arreio,

A estas mataduras tem respeito,
Pois te não move a rigidez do freio!

"Põe-me onde se use toda a crueldade,
Entre leões e tigres, e verei
Se neles achar posso a piedade
Que em peitos de ministros não achei!
Ali co'amor intrínseco e vontade
No capim por que morro, viverei!

"Pois de algum deputado a resistência
Sabes domar, sem ser com fogo ou ferro,
Sabe também dar vida com clemência
A quem para perdê-la não fez erro."

Mais ia por diante o monstro horrendo
Co'o sermão, que ninguém lhe encomendara,
Quando inimiga mão lhe foi batendo
Com o chicote estalador na cara!

Manaus – maio de 1861

(*Poesia completa e prosa*, 1959)

LAURINDO RABELO
(1826, RIO DE JANEIRO, RJ – 1864)

Também prosador e gramático, autor de *Trovas* (1853), foi um dos poetas mais ácidos do seu tempo, escreveu bons poemas líricos, embora hoje bem mais lembrado por suas sátiras e poemas pornográficos. Boa parte de sua poesia foi publicada em livro após sua morte e nenhuma das edições é de fato "completa", como dizem ser: *Poesias* (1867), *Obras poéticas* (1876, organização de J. Norberto de Sousa-Silva), *Poesias completas: poesia, prosa e gramática* (1946, organização de Osvaldo Melo Braga), *Poesias completas* (1963, organização de Antenor Nascentes), entre outras. Os dois primeiros poemas foram retirados dessas suas obras quase completas. De 2009 é o livro *Laurindo Rabelo*, de Fábio Frohwein de Salles Moniz, que publica pela primeira vez em livro a sátira "Ao Rego".

O jornaleiro

> É igual a ti mesmo, a ti somente
> (do poema "O ganhador")

Quando ousado o poeta a voz levanta,
Em punho tendo o látego da sátira,
P'ra castigar hipócritas malvados,
É a voz da verdade a voz que soa!

Desmascarar falsários intrigantes,
O vício espezinhar, punir tartufos,
Velhacos suplantar, caluniadores,
São atos que de austera probidade
Louvor sincero e atenção merecem.
Armados pois, de um retorcido relho,
A um negro covil – talvez o inferno –
Por um forte cabresto bem seguro,
Eu vou buscar um torpe Jornaleiro,
Que entre sujos papéis escrevinhados
(Que só p'ra guardanapo têm valia)
Sentado em tamborete junto à banca,
Tendo nas garras de algum corvo a pena,
Baldões, insultos contra a honra atira!
Trazer pretendo o ganhador escriba
Qual jumento manhoso à praça pública
E expô-lo às apupadas dos moleques,
Por quem apedrejado ser devia...
....

Quem não conhecerá o Miguelista,
Escória dos sandeus de quem eu falo?!...
Chicanista imoral, doutor em nada,
Insosso prosador – alto pedante –
Que estudar foi na estranja – patacoadas
Para dizer-se aqui homem de letras?
Quem não conhecerá o sábio lente,
Que num certo colégio desta Corte
Ciência geográfica ensinava?
Quem não o conhecerá – o que na escola,
Onde quer se instruir jovem guerreiro,
Explicando o direito ensina o torto?!...

O homem que insultava adversários,
Alcunhando-os heróis das "vacas gordas",
E que agora sedento – a grossa teta
Bem agarrado, chupitar procura?!
Homens raros assim todos conhecem!...

Eu não preciso retratá-lo ao vivo,
Descrever-lhe o carão, onde grudados
– Nos olhos – tem pedaços de vidraça,
O corpo infame, o bojo monstruoso,
Qual um balão de fedorentos gases;
E mostrar o letreiro que na fronte
– Em letras garrafais – diz "Ganhador"!
Todos bem sabem de que peça falo:
O trabalho me tira a grande fama
Que por falso, impudente tem ganhado.

Sim, ó grão-Redator (a ti me volvo)
Ao público amador – quero mostrar-te,
P'ra que faça a justiça que mereces...
És qual tarpéia rocha – inabalável
Em teu princípio firme – o da calúnia –
És herói dos heróis, quando se trata
De vis aduladores intrigantes!
Um singular portento és na mentira!
Tu és grande! és enorme!! porque arrumas
Patadas, coices mil, no mundo inteiro!!
A natureza pasma ao contemplar-te,
Julgando que não és uma obra sua!
Embasbaca-se o gênio das trapaças
Vendo brilhar o teu saber ingente!
Té o demo – de gosto – pinoteia,
– E berrando que tu, seu protegido,
Que és glória sua comunica à terra!...
E no entanto ninguém teu pai se julga!...
Nem o podem dizer, porque o não sabem...
Quem te acendeu nos cascos esses fogos
Que tudo abrasam, sem queimar-te a bola?

Quem és pois? de onde vens? P'ra onde te atiras?!...
És abutre – que Mágica do Averno –

Em homem transformou p'ra da calúnia
O instrumento ser aqui na terra?
És do zoilo invejoso a alma errante,
Ou um sopro de negra, imunda harpia?
Onde encontraste o ser? a origem tua?...
Vieste por acaso – do planeta
Que Vulcano por lei dizem chamar-se?
Onde fixaste o norte de teu rumo,
Ó ente singular, teu paradeiro?
Para onde irás tu, quando partires
Deste imenso Teatro em que tens feito
O papel mais infame que ser pode?!
Abutre, harpia ou sopro, ou quer que sejas,
– És igual a ti mesmo, a ti somente! —
Cansa-se a pena a enumerar teus feitos!
Envergonha-se aquele que o censura,
Olhando para ti, vendo que és homem,
Na figura somente... em nada mais!...

Imoral Redator do papelucho
A quem um respeitável nome deste
(Sim que o nome da Pátria, para o probo,
Que não p'ra ti, é nome respeitável),
É tempo de voltar ao antro escuro,
Ou p'ra o lugar – ignoro donde hás vindo!
Já muito por aqui de mal tens feito...
As cinzas venerandas revolveste
De um dos heróis da "Independência" nossa!...
Tua missão cumpriu-se!... é tempo, volta...
....
Era minha intenção trazer-te à praça;
Mas desisto da empresa!... A puros homens
É um crime mostrar torpes figuras,
Negros quadros, que infâmias representam!
Vai-te! foge daqui! do vate a destra
Só cordas vibra de doiradas liras:
Se indignado empunha o forte relho
Para surrar hipócritas malvados,
Envergonha-se logo do que há feito!
É nobre o fim p'ra que o Poeta nasce;
E não para amansar bestas bravias
Ou corrigir sicários sevandijas!...

Mote
Quem feliz asno se chama
Decerto é asno feliz.

Glosa

Se Camões cantou o Gama
Por seus feitos de valor,
Também merece um cantor
Quem feliz asno se chama.

Qualquer burro pela lama
Enterra pata e nariz,
Mas este, que com ardis
Chegou a ser senador,
É besta d'alto primor,
É decerto asno feliz.

Ao Rego
(sátira)

Ilustríssimos senhores
Da nossa municipal,
Deixai que um fraco mortal
Inferior dos inferiores,
Implore os vossos favores
E bondade conhecida,
Para que seja atendida
E posta em atividade,
Com a maior brevidade,
Uma importante medida.

Já não servem as calçadas
De guarda ao limpo vestido,
Que o REGO a elas unido,
Cheio d'águas encharcadas,
Põe as vestes salpicadas
D'água suja a cada instante;
Enquanto o gás implicante
Das fezes com que se enfeita,

Com seu aroma deleita
As ventas do caminhante.

Inda aqui nesta cidade,
Assim como na campanha,
A mesma infelicidade
Ao REGO sempre acompanha;
A porcaria é tamanha
Como nunca vi igual,
Porque todos em geral,
Iguais na vontade sua,
Converteram em comua
O REGO do hospital.

Parece fatalidade
Esta desgraça do rego;
Sempre com péssimo emprego
O tem visto a humanidade;

Da natureza a impiedade
Deu-lhe um destino bem cru,
Quando vejo um homem nu
Fico disto na certeza,
Pois noto que a natureza
Abriu-lhe um rego no cu.

Muita gente há que nutrindo
Econômicos desejos,
Fazem da casa os despejos,
Das despesas prescindindo;
Quando tudo está dormindo,
Vão cuidar do doce emprego
E com todo o seu sossego,
Inocência e singeleza
Passam a fazer limpeza
Mesmo na boca do rego.

Causa raiva seriamente,
Tira-me todo o sossego,
Ver assim o pobre rego
Cagado por tanta gente,

Não ter remédio um doente
E outras cousas iguais
É mau para os hospitais,
Isto é claro, está bem-visto;
Mas além de tudo isto,
Cagar no "rego" é demais!

....

Vós, porém, sábios eleitos
Podeis o erro emendar;
É dos sábios melhorar
Ou destruir os defeitos;
Mas se devem imperfeitos
Os "regos" sempre ficar,
Mandai-os eliminar
De qualquer lugar decente,
E haja "rego" somente
Onde se deva cagar.

Nestes termos pede o vate
Do Hospital para sossego,
Que seja entupido o rego
Que lhe dá tanto combate;
O Congresso sem debate,
Pronto pode assim dispor;
Ninguém sátira supor
Vá que o meu pedido encerra:
Falo de um rego de terra,
E não do Rego Doutor.

JOSÉ BONIFÁCIO, O MOÇO
(1827, BORDÉUS, FRANÇA – 1886, SÃO PAULO, SP)

Sobrinho do patrono da Independência (José Bonifácio de Andrada e Silva), além de poeta, orador e professor, teve intensa vida pública como deputado provincial, ministro da Marinha, e participou do movimento abolicionista. Fausto Cunha destacou sua influência sobre poetas como Álvares de Azevedo, Casimiro de Abreu e Castro Alves. Publicou *Rosas e goivos* (1848) e teve os poemas reunidos em *Poesias* (1962, organização de Alfredo Bosi e Nilo Scalzo). No poema satírico "O Barão e o seu cavalo", ironizou o presidente da Província de São Paulo, Barão de Itaúna (Candinho). Trata-se de um longo poema em forma de ato cômico, do qual reproduzimos um trecho que retrata nosso reiterado descaso com o dinheiro público.

O Barão e o seu cavalo
(fragmento do canto V)

(...)
GUIMARÃES
Eu mesmo, eu mesmo quero, – que ventura?!
Borrifar-lhe o carão com água pura;
Oh! não se enfade, não, fora vergonha
Não tomar o seu gole de congonha;
Mas antes de cumprida esta missão
Deixe esfregar-lhe o corpo com sabão;

E o louco, soluçando de contente,
Foi-se ao corpo infeliz do presidente,
E disse ao terminar: – Dê-me o perdão!
Tudo menos, senhor, a procissão!
Mal terminava a frase, eis que de um canto
Surgiu o Bittencourt de espada e manto,
Tangendo alegre e vivo uma guitarra
Pôs-se logo a cantar como cigarra.

BITTENCOURT
Ouve, maldito herói, hei de cantar-te,
Teu nome espalharei por toda parte!
Foi em Piracicaba, ó trampolina,
Que te meteste dentro da latrina!
Escuta-me, ó barão, vou começar,
Neste canto sem fim serás meu par!

(Cantando)

Quem foi que comprou os móveis,
    Quem foi?
Os móveis foram comprados;
Ninguém nega a compra feita,
Digam tudo por inteiro;
O mundo é mexeriqueiro:
    Portanto,
Exponham logo esse fato,
Quem é que fez o contrato?
    Por quanto?

Se novos eram os trastes,
    Que mal?
Trocaram trastes usados
Na casa do vendedor
Por móveis de alto valor?
Pois digam logo a verdade:
Que é feio mudo ficar,
E assim lampeiro guardar
    Segredo:
Se há trastes velhos na sala,
Por que a polícia não fala,
    Que medo?
Se aqueles trastes vendidos
    À toa
Ao nosso grande Inacinho
Foi compra em segunda mão,
Confesse agora a lesão,
Digam tudo de uma vez
    – Por bem!
Se a compra foi cousa boa,
Não pode falar à toa
    Ninguém!
Mas que móveis tão baratos
    Foram esses?
Gamelas? Não pode ser,
Nem ricos jarros de flores,
Que móveis de tais valores
São cousa um tanto salgada:
Talvez fosse encomendada
    A talha,
Que o Guimarães trouxe esperto
N'um caixão todo coberto
    De palha!
Mas talha... não é possível;
    P'ra que?
Tem dois barris a polícia,
Três potes lindos e brancos,
Dois baldes que andam aos trancos:
Para que, pois, esta talha
Que n'asa tem uma falha?
    Não há tal!

Boa compra, boa venda,
Não há motivo a contenda,
    Tal e qual.
Foram cadeiras de estofo,
    Espelhos,
Um sofá cor de alecrim,
E duas conversadeiras:
Só não houve papeleiras,
Pois pertence ao presidente
Fazer o expediente
    Do tolo.
O Guimarães da Bahia
Em política é fatia,
    Ou bolo.

Velhos, novos, compra ou troca,
    Os móveis
Já foram todos entregues,
Já estão servindo ao doutor,
Paguem, portanto, o valor,
E digam o preço ao povo,
Que é feio o processo novo
    Da venda!
Se pagar o contribuinte,
Doutor, que seja ele ouvinte,
    Atenda!
....

LUIZ GAMA
(1830, SALVADOR, BA – 1882, SÃO PAULO, SP)

Poeta satírico, jornalista, integrou o grupo dos precursores do movimento abolicionista no Brasil. Autor de um único livro, *Primeiras trovas burlescas* (1859), publicado com o pseudônimo Getulino, logo em seguida em edição revista e aumentada (1861). Manuel Bandeira lhe reservou bom espaço na *Antologia dos poetas brasileiros da fase romântica* e igualmente Wilson Martins, que em *História da inteligência brasileira* (v. 3) o considerou não só o iniciador de nossa verdadeira poesia social, como também autor de primeira grandeza, e não apenas pela obra-prima "Quem sou eu?", poema no qual, segundo Martins, desmascara "alegremente as espúrias prosápias aristocráticas de uma sociedade pretensiosa e hipócrita". Em 2000, Ligia Fonseca Ferreira organizou *Primeiras trovas burlescas & outros poemas*, uma edição que faz justiça a um autor que, em ordem de grandeza, e a opinião é ainda de Wilson Martins, deve ser lido ao lado de Gregório de Matos.

Serei conde, marquês e deputado!

Pelas ruas vagava, em desatino,
Em busca do seu asno que fugira,
Um pobre paspalhão apatetado,
Que dizia chamar-se – *Macambira*.

A todos perguntava senão viram
O bruto que era seu, e *desertara*;
Ele é sério (dizia), está ferrado,
E tem branco o focinho, é *malacara*.

Eis que encontra postado numa esquina,
Um esperto, ardiloso capadócio,
Dos que mofam da pobre humanidade,
Vivendo, por milagre, em santo ócio.

Olá, senhor meu amo, lhe pergunta
O pobre do matuto, agoniado:
"Por aqui não passou o meu burrego,
Que tem russo o focinho, o pé calçado?"

Responde-lhe o tratante, em tom de mofa:
"O seu burro, Senhor, aqui passou,
Mas um guapo Ministro fê-lo presa,
E num parvo Barão o transformou!"

Oh Virgem Santa! (exclama o tabaréu,
Da cabeça tirando o seu chapéu)
Se me pilha o Ministro, n'este estado,
Serei Conde, Marquês e Deputado!...

(*Primeiras trovas burlescas de Getulino*, 1859)

Quem sou eu?

> Quem sou eu? que importa quem?
> Sou um trovador proscrito,
> Que trago na fronte escrito
> Esta palavra – Ninguém! –
> A. E. ZALUAR. – *Dores e flores*

Amo o pobre, deixo o rico,
Vivo como o Tico-tico;
Não me envolvo em torvelinho,
Vivo só no meu cantinho:
Da grandeza sempre longe
Como vive o pobre monge.
Tenho mui poucos amigos,
Porém bons, que são antigos,
Fujo sempre à hipocrisia,
À sandice, à fidalguia;
Das manadas de Barões?
Anjo Bento, antes trovões.
Faço versos, não sou vate,
Digo muito disparate,
Mas só rendo obediência
À virtude, à inteligência:
Eis aqui o *Getulino*,
Que no plectro anda mofino.
Sei que é louco e que é pateta
Quem se mete a ser poeta;
Que no século das luzes,
Os birbantes mais lapuzes,
Compram negros e comendas,
Tem brasões, não – das Calendas,
E, com tretas e com furtos
Vão subindo a passos curtos;
Fazem grossa pepineira.
Só pela *arte do Vieira*,
E com jeito e proteções,
Galgam altas posições!
Mas eu sempre vigiando
Nessa súcia vou malhando
De tratantes, bem ou mal,
Com semblante festival.

Dou de rijo no pedante
De pílulas fabricante,
Que blasona arte divina,
Com sulfatos de quinina,
Trabuzanas, xaropadas,
E mil outras patacoadas,
Que, sem pingo de rubor,
Diz a todos, que é DOUTOR
Não tolero o magistrado,
Que do brio descuidado,
Vende a lei, trai a justiça,
– Faz a todos injustiça –
Com rigor deprime o pobre,
Presta abrigo ao rico, ao nobre,
E só acha horrendo crime
No mendigo, que deprime.
– N'este dou com dupla força,
Té que a manha perca ou torça.
Fujo às léguas do lojista,
Do beato e do *sacrista* –
Crocodilos disfarçados,
Que se fazem muito honrados,
Mas que, tendo ocasião,
São mais feros que o Leão.
Fujo ao cego lisonjeiro,
Que, qual ramo de salgueiro,
Maleável, sem firmeza,
Vive à lei da natureza;
Que, conforme sopra o vento,
Dá mil voltas num momento.
O que sou, e como penso,
Aqui vai com todo o senso,
Posto que já veja irados
Muitos lorpas enfunados,
Vomitando maldições,
Contra as minhas reflexões.
Eu bem sei que sou qual Grilo,
De maçante e mau estilo;
E que os homens poderosos
D'esta arenga receosos
Hão de chamar-me – tarelo,

Bode, negro, Mongibelo;
Porém eu que não me abalo,
Vou tangendo o meu badalo
Com repique impertinente,
Pondo a trote muita gente.
Se negro sou, ou sou bode,
Pouco importa. O que isto pode
Bodes há de toda a casta,
Pois que a espécie é muito vasta.
Há cinzentos, há rajados,
Baios, pampas e malhados,
Bodes negros, *bodes brancos*,
E, sejamos todos francos,
Uns plebeus, e outros nobres,
Bodes ricos, bodes pobres,
Bodes sábios, importantes,
E também alguns tratantes...
Aqui, n'esta boa terra,
Marram todos, tudo berra;
Nobres Condes e Duquesas,
Ricas Damas e Marquesas,
Deputados, senadores,
Gentis-homens, vereadores;
Belas Damas emproadas,
De nobreza empantufadas;
Repimpados principotes,
Orgulhosos fidalgotes,
Frades, Bispos, Cardeais,
Fanfarrões imperiais,
Gentes pobres, nobres gentes,
Em todos há *meus parentes*.
Entre a brava *militança*
Fulge e brilha alta *bodança*;
Guardas, Cabos, Furriéis,
Brigadeiros, Coronéis,
Destemidos Marechais,
Rutilantes Generais,
Capitães de mar e guerra,
– Tudo marra, tudo berra –.
Na suprema eternidade.
Onde habita a Divindade,

Bodes há santificados,
Que por nós sã adorados.
Entre o coro dos Anjinhos
Também há muitos bodinhos. –
O amante de Siringa
Tinha pelo e má catinga;
O deus Mendes, pelas contas,
Na cabeça tinha pontas;
Jove quando foi menino,
Chupitou leite caprino;
E, segundo o antigo mito,
Também fauno foi cabrito.
Nos domínios de Plutão,
Guarda um bode o Alcorão;
Nos lundus e nas modinhas
São cantadas as bodinhas:
Pois se todos têm *rabicho*,
Para que tanto capricho?
Haja paz, haja alegria,
Folgue e brinque a bodaria;
Cesse, pois, a matinada,
Porque tudo é *bodarrada*! –

(*Primeiras trovas burlescas de Getulino*, 2ª edição "correta e aumentada", 1861)

ÁLVARES DE AZEVEDO
(1831, SÃO PAULO, SP – 1852, RIO DE JANEIRO, RJ)

Poeta, dramaturgo e ficcionista, seu legado foi aos poucos reunido em *Obras* (1853-1855, 2 v.), *Obras* (1862, 3 v., organização de Jacy Monteiro), *O Conde Lopo* (1886), *Obras completas* (1941, 2 v., organização de Homero Pires) e, por fim, em *Obra completa* (2000, organização de Alexei Bueno), no qual fomos buscar o poema "Dinheiro", pequena joia de sarcasmo e ironia.

Dinheiro

> *Oh! argent! Avec toi on est beau, jeune,*
> *adoré; on a considération, honneurs, qualités, vertus.*
> *Quand on n'a point d'argent, on est dans la dépendance*
> *de toutes choses et de tout le monde.*
>
> CHATEAUBRIAND

Sem ele não há cova! – quem enterra
Assim grátis, *a Deo*? O batizado
Também custa dinheiro. Quem namora
Sem pagar as pratinhas ao Mercúrio?
Demais, as Danaes também o adoram...
Quem imprime seus versos, quem passeia,
Quem sobe a Deputado, até Ministro,
Quem é mesmo Eleitor, embora sábio,
Embora gênio, talentosa fronte,
Alma Romana, se não tem dinheiro?
Fora a canalha de vazios bolsos!
O mundo é para todos... Certamente
Assim o disse Deus – mas esse texto
Explica-se melhor e doutro modo...
Houve um erro de imprensa no Evangelho:
O mundo é um festim, concordo nisso,
Mas não entra ninguém sem ter as louras.

JUNQUEIRA FREIRE
(1832, SALVADOR, BA – 1855)

Monge-poeta que publicou apenas um livro em vida: *Inspirações do claustro* (1855). Ainda no século XIX, sua poesia reunida circulou em edições com o mesmo título: *Obras poéticas*. Roberto Alvim Corrêa reuniu em três volumes a sua poesia completa, *Obras* (1944), edição que motivou mais tarde outras antologias, a exemplo das duas coletâneas organizadas por Antonio Carlos Villaça: *Poesia* (1962) e *Desespero na solidão: poemas escolhidos* (1976).

A minha bandeira

Se um dia esta Pátria
Pisar sobre os reis,
Se um dia este povo
Fizer suas leis;

Se um dia a montanha
Gritar – liberdade!
E o mar, respondendo,
Bramir – igualdade!

Não temas! – Teu timbre
Será sempre tal:
Bandeira da Pátria,
Tu és imortal!

Teu fundo somente
É que há de mudar:
Que a c'roa de um homem
Não te há de manchar.

O padre Roma

E o sangue nosso – há séculos de ferro –
Inundou, inundou o chão da Pátria,
– E não nasceu a liberdade ainda!
Em vão pelas escadas do patíbulo,
– das férreas mãos do bárbaro carrasco
Rolou, rolou, entre os sorrir dos déspotas,
Entre as palmas sonoras dos monarcas,
De Xavier a intrépida cabeça.
Rolou, – e vivido e fervido seu sangue
Salpicou e tingiu a face do povo,
– A esse povo entusiasta e fraco,
Que vê seus filhos a morrer por ele,
Que vê algozes a torcer-lhe os pulsos,
Que vê estranhos a roubar-lhe o próprio,
– e cúmplice espontâneo em seu suicídio,
Como um infante temeroso e estulto,
Prantos apenas feminis levanta.
(...)

(*Poesia*, 1962)

FÉLIX XAVIER DA CUNHA
(1833, PORTO ALEGRE, RS – 1865)

Jornalista e orador com intensa atividade política pelo partido liberal ("uma das estrelas da bandeira liberal", segundo Machado de Assis), também publicou ficção, ensaio e teatro. Para Guilhermino César, um "excelente poeta", principalmente em *Poesias* (1874), de edição póstuma. Hoje é mais lembrado por este crispado soneto da série "Sete de Setembro".

Sete de Setembro

Silêncio!... não turbeis na paz da morte
Os manes que o Brasil quase esquecia!
É tarde!... eis que espedaça a lousa fria
De um vulto venerando o braço forte!

Surgiu!... a majestade traz no porte,
O astro da glória a fronte lhe irradia...
Oh! grande Andrada, adivinhaste o dia,
Vem juntar aos da pátria o teu transporte!

Recua? não se apressa a vir saudá-la,
Cobre a fronte brilhante de heroísmo?
E soluça?... o que tem?... Ei-lo que fala:

"Oh! pátria que eu salvei do despotismo!
Lá vejo a corrupção que te avassala,
Não te conheço!..." E se afundou no abismo!

JUVENAL GALENO
(1836, FORTALEZA, CE – 1931)

Poeta de fonte popular, como jornalista teve intensa atuação na vida pública de seu estado. Publicou mais de uma dezena de livros, entre os quais *Prelúdios poéticos* (1856), *A machadada* (1860), *Lendas e canções populares* (1865) e *Folhetins de Silvanus* (1891). Para o romancista Franklin Távora, "Galeno não acompanha só o povo nas suas alegrias e divertimentos; acompanha-o também em suas aflições e dores".

Os barões
(fragmento)

Eu não canto os barões assinalados
Por atos de virtude ou heroísmo...
Mas espertos e torpes titulados,
Egrégios na baixeza e no cinismo!
    Que os primeiros são tão raros
    Nesta terra em que nasci,
    Ao passo que dos segundos
    Mais de um cento conheci!
E deles cada qual o mais tratante,
    Mais néscio e mais servil...
Em fidalgos ruins já ninguém vence
    Por certo o meu Brasil!
E se alguém duvidar ponha a luneta
E o passado examine dos barões...
Empurre no presente uma lanceta
E verá o que sai... que podridões!

(*Folhetins de Silvanus* e *A Machadada*, 1969)

PEDRO LUÍS
(1839, ARARUAMA, RJ – 1884, BANANAL, SP)

Além de poeta, Pedro Luís Pereira de Sousa foi conferencista e advogado, e com muito fervor abraçou o jornalismo e a política. Apesar de admirado por José Veríssimo, João Ribeiro e outros bons críticos do final do século XIX e início do XX, Fausto Cunha o tratou não só com menos admiração, como apontou suas deficiências (vale conferir no Fausto de *O romantismo no Brasil*, 1971). Mas num ponto todos esses críticos concordam: Pedro Luís exerceu influência sobre o gênio de Castro Alves. E é inegável que "A sombra de Tiradentes" guarda um pouco de sua verve de tribuno.

A sombra de Tiradentes
(fragmento)
....
Rasga-se véu!... Que aparece!?
Quem é esse cavaleiro
Que, no ímpeto guerreiro
Estende o braço viril?!...
Não é esse o heroico vulto,
Que a história tanto apregoa
E o povo inteiro abençoa
Como o anjo do Brasil?

Não é, não... vergonha imensa!
Nesta quadra corrompida
Com a fronte envilecida,
Sem glórias e sem pudor,
O Brasil curvando os braços,
Dobra o joelho contrito
Ante a massa de granito
Do primeiro imperador...

Curvai-vos, raça d'ingratos!
Nos dias de cobardia
Festeja-se a tirania
Fazem-se estátuas aos reis!...
Embora tenham da pátria
Ouvido os longos gemidos,
Os cadafalsos erguidos
E postergadas as leis.

(*Dispersos*, 1934)

CASIMIRO DE ABREU
(1839, BARRA DE SÃO JOÃO, DISTRITO DA ATUAL CASIMIRO DE ABREU, RJ – 1860, NOVA FRIBURGO, RJ)

Poeta e prosador, seu livro mais conhecido, *Primaveras* (1859), é uma das obras-primas de nosso romantismo. Rubem Braga selecionou seus *Melhores poemas* (1985), e sua *Obra completa* (2010) ganhou uma edição organizada com muito esmero pelo poeta Mário Alves de Oliveira. Esta sua "cena contemporânea" parece aproximá-lo de Álvares de Azevedo, um protesto à usura que nos aflige e constrange, replicada logo adiante por muitos outros poetas nesta antologia.

Na Estrada
Cena contemporânea

Eu vi o pobre velho esfarrapado
– Cabeça branca – sentado pensativo
    Dum carvalho ao pé;
Esmolava na pedra dum caminho,
Sem família, sem pão, sem lar, sem ninho,
    E rico só de fé!

Era de tarde; ao toque do mosteiro
Seu lábio a murmurar rezava baixo,
    – Ao lado o seu bordão;
E o sol, no raio extremo, lhe dourava
Sobre a fronte senil a dupla c'roa
    De pobre e de ancião!

E o *homem de metal* vinha sorrindo
Contando ao companheiro os gordos lucros
    Na usura de judeus;
O mendigo estendeu a mão mirrada,
E pediu-lhe na voz entrecortada:
    – Uma esmola, por Deus!

O *homem de metal* embevecido
Em sonhos de milhões, por junto à pedra,
    Sem responder, passou!
O pobre recolheu a mão vazia...
O anjo tutelar velou seu rosto
    Mas – Satanás folgou!

(Rio, 1858)

MACHADO DE ASSIS
(1839, RIO DE JANEIRO, RJ – 1908)

Maior o romancista, maior o contista? E que dizer do poeta, do cronista, do dramaturgo, do crítico literário? Imenso em tudo que escreveu, nosso Bruxo do Cosme Velho foi sim extraordinário também como poeta – *Crisálidas* (1864), *Falenas* (1870), *Americanas* (1875), *Poesias completas* (1901). Escrito em sua juventude, temos o poema "Os arlequins". E aqui não podemos esquecer o célebre Capítulo CXXXIX de *Memórias póstumas de Brás Cubas*, em que o silêncio da "poesia espacial" fala bem alto. E isso em parte é explicado no capítulo seguinte do mesmo romance, no qual o autor afirma que "a paixão do poder é a mais forte de todas".

Os arlequins
Sátira

> *Que deviendra dans l'Éternité l'âme d'un homme qui a fait Polichinelle toute sa vie?*
>
> Mme. DE STAËL

    Musa, depõe a lira!
Cantos de amor, cantos de glória esquece!
    Novo assunto aparece
Que o gênio move e a indignação inspira.
    Esta esfera é mais vasta,
E vence a letra nova a letra antiga!
    Musa, toma a vergasta,
    E os arlequins fustiga!

    Como aos olhos de Roma,
– Cadáver do que foi, pávido império
    De Caio e de Tibério, –
O filho de Agripina ousado assoma;
    E a lira sobraçando,
Ante o povo idiota e amedrontado,
    Pedia, ameaçando,
    O aplauso acostumado;

    E o povo que beijava
Outrora ao deus Calígula o vestido,
    De novo submetido
Ao régio saltimbanco o aplauso dava.
    E tu, tu não te abrias,
Ó céu de Roma, à cena degradante!
    E tu, tu não caías,
    Ó raio chamejante!

    Tal na história que passa
Neste de luzes século famoso,
    O engenho portentoso
Sabe iludir a néscia populaça;
    Não busca o mal tecido
Canto de outrora; a moderna insolência
    Não encanta o ouvido,
    Fascina a consciência!

Vede; o aspecto vistoso,
O olhar seguro, altivo e penetrante,
    E certo ar arrogante
Que impõe com aparências de assombroso;
    Não vacila, não tomba,
Caminha sobre a corda firme e alerta:
    Tem consigo a maromba
    E a ovação é certa.

    Tamanha gentileza,
Tal segurança, ostentação tão grande,
    A multidão expande
Com ares de legítima grandeza.
    O gosto pervertido
    Acha o sublime neste abatimento,
    E dá-lhe agradecido
    O louro e o monumento.

    Do saber, da virtude,
Logra fazer, em prêmio dos trabalhos,
    Um manto de retalhos
Que a consciência universal ilude.
    Não cora, não se peja
Do papel, nem da máscara indecente,
    E ainda inspira inveja
    Esta glória insolente!

    Não são contrastes novos;
Já vêm de longe; e de remotos dias
    Tornam em cinzas frias
O amor da pátria e as ilusões dos povos.
    Torpe ambição sem peias
De mocidade em mocidade corre,
    E o culto das ideias
    Treme, convulsa e morre.

    Que sonho apetecido
Leva o ânimo vil a tais empresas?
    O sonho das baixezas:
Um fumo que se esvai e um vão ruído;
    Uma sombra ilusória

Que a turba adora ignorante e rude;
   E a esta infausta glória
   Imola-se a virtude.

   A tão estranha liça
Chega a hora por fim do encerramento,
   E lá soa o momento
Em que reluz a espada da justiça.
   Então, musa da história,
Abres o grande livro, e sem detença
   À envilecida glória
   Fulminas a sentença.

(*Crisálidas*, 1864)

De como não fui ministro de Estado

....
....
....
....

(*Memórias póstumas de Brás Cubas*, 1881)

FAGUNDES VARELA
(1841, FAZENDA SANTA RITA, RIO CLARO, RJ – 1875, NITERÓI, RJ)

Poeta lírico de obra extensa, autor de *Noturnas* (1861), *Vozes da América* (1864), *Cantos e fantasias* (1865), *Cantos meridionais* (1869), *Cantos do ermo e da cidade* (1869) e, em edições póstumas, *Cantos religiosos* (1878), *Diário de Lázaro* (1880), *Obras completas* (1886) e *Dispersos* (1970). Leonardo Fróes, seu biógrafo em *Um outro. Varela* (1990), destaca a mordacidade de seus raros versos satíricos: "Nos chefetes políticos, despertou ódio. (...) Tinha a língua ferina – e versos obscenos para responder aos ataques."

Armas

– Qual a mais forte das armas,
A mais firme, a mais certeira?
A lança, a espada, a clavina,
Ou a funda aventureira?
A pistola? O bacamarte?
A espingarda, ou a flecha?
O canhão que em praça forte
Faz em dez minutos brecha?
– Qual a mais firme das armas? –
O terçado, a fisga, o chuço,
O dardo, a maça, o virote?
A faca, o florete, o laço,
O punhal, ou o chifarote?...
A mais tremenda das armas,
Pior que a durindana,
Atendei, meus bons amigos:
Se apelida: – a língua humana! –

(*Grandes poetas românticos do Brasil*, s/d)

Ao juiz de direito de Piraí

Juiz casado de novo
Anda cheio de embaraço
Deixou em casa o... baço
Não pode servir o povo.

Para no júri julgar,
Nem mesmo apertando as bragas
Gritando, lançando pragas,
Nada quer ver, quer voltar.

Pois vá-se e venha-se bem,
Que aqui não sente ninguém
Da tua ausência o pesar.

Vai-te embora, ruim diabo,
Esfrega bem esse rabo
Que lá deixaste a babar.

A estátua equestre de D. Pedro I

Triste, negra vassalagem
Do mais baixo servilismo
Negreja no espaço a imagem
Consagrada ao despotismo.

Vergonha de nossa idade
Em torno dela agrupados
Estão os vultos sentados
Dos filhos da liberdade.

E o povo curva-se e passa
Porque não vê a ironia
Que encerra essa brônzea massa
Indigna da luz do dia.

Porque ignora a história
Das torvas eras passadas
Folhas brilhantes de glória,
Mas de sangue borrifadas!

Porque não conhece o drama
Do mártir que ali morrera
Por zelar da sacra chama
Que a liberdade acendera.

Pobre turba, néscia e parva,
Que em sua soberania
Beija os pés da fria estátua
Que há de esmagá-los um dia!

(*Dispersos*, 1970)

CASTRO ALVES
(1847, FAZENDA CABACEIRAS, A SETE LÉGUAS DE NOSSA SENHORA DE CONCEIÇÃO DE CURRALINHO, HOJE CASTRO ALVES, BA – 1871, SALVADOR, BA)

Poeta, dramaturgo, prosador, escreveu sobre os horrores da escravidão, com destaque para a obra-prima "O navio negreiro", mais célebre poema sobre o tema que inspirou diversos autores ao longo dos séculos XIX e XX. Publicou *Espumas flutuantes* (1870), *A cachoeira de Paulo Afonso* (1876), *Vozes D'África – Navio negreiro* (1880), *Os escravos* (1883). De todas as ideias avançadas – conforme anotou Xavier Marques em *Vida de Castro Alves* –, "democracia, abolição, república, ficou sendo ele o símbolo e o intérprete mais eloquente". Para Manuel Bandeira, devemos ainda levar em conta, no autor de "O navio negreiro", "a intenção pragmática dos seus cantos, escritos para serem declamados na praça pública, em teatros ou grandes salas – , verdadeiros discursos de poeta-tribuno". De sua *Obra completa* (1960, organização de Eugênio Gomes), não podiam faltar aqui poemas de juventude como "Improviso" e "O povo ao poder".

O navio negreiro
Tragédia no mar
(fragmento)

5.ª
Senhor Deus dos desgraçados!
Dizei-me vós, Senhor Deus!
Se é loucura... se é verdade
Tanto horror perante os céus...
Ó mar, por que não apagas
Co'a esponja de tuas vagas
De teu manto este borrão?...
Astros! noite! tempestades!
Rolai das imensidades!
Varrei os mares, tufão!...

Quem são estes desgraçados,
Que não encontram em vós,
Mais que o rir calmo da turba
Que excita a fúria do algoz?
Quem são?... Se a estrela se cala,
Se a vaga à pressa resvala
Como um cúmplice fugaz,
Perante a noite confusa...
Dize-o tu, severa musa,
Musa libérrima, audaz!

São os filhos do deserto,
Onde a terra esposa a luz.
Onde voa em campo aberto
A tribo dos homens nus...
São os guerreiros ousados
Que com os tigres mosqueados
Combatem na solidão...
Homens simples, fortes, bravos...
Hoje míseros escravos,
Sem ar, sem luz, sem razão. . .

São mulheres desgraçadas,
Como Agar o foi também,
Que sedentas, alquebradas,

De longe... bem longe vêm...
Trazendo com tíbios passos,
Filhos e algemas nos braços,
Nalma – lágrimas e fel.
Como Agar sofrendo tanto
Que nem o leite do pranto
Tem que dar para Ismael...

Lá nas areias infindas,
Das palmeiras no país,
Nasceram – crianças lindas,
Viveram – moças gentis...
Passa um dia a *caravana*
Quando a virgem na cabana
Cisma da noite nos véus...
...Adeus! ó choça do monte!...
...Adeus! palmeiras da fonte!...
...Adeus! amores... adeus!...

Depois o areal extenso...
Depois o oceano de pó.
Depois no horizonte imenso
Desertos... desertos só...
E a fome, o cansaço, a sede...
Ai! quanto infeliz que cede,
E cai p'ra não mais s'erguer!...
Vaga um lugar na *cadeia*,
Mas o chacal sobre a areia
Acha um corpo que roer...

Ontem a Serra Leoa,
A guerra, a caça ao leão,
O sono dormido à toa
Sob as tendas d'amplidão...
Hoje... o *porão* negro, fundo,
Infecto, apertado, imundo,
Tendo a *peste* por jaguar...
E o sono sempre cortado
Pelo arranco de um finado,
E o baque de um corpo ao mar...

Ontem plena liberdade,
A vontade por poder...
Hoje... cum'lo de maldade
Nem são livres p'ra... morrer...
Prende-os a mesma corrente
– Férrea, lúgubre serpente –
Nas roscas da escravidão.
E assim roubados à morte,
Dança a lúgubre coorte
Ao som do açoite... Irrisão!...

Senhor Deus dos desgraçados!
Dizei-me vós, Senhor Deus,
Se eu deliro... ou se é verdade
Tanto horror perante os céus...
Ó mar, por que não apagas
Co'a esponja de tuas vagas
Do teu manto este borrão?...
Astros! noite! tempestades!
Rolai das imensidades!
Varrei os mares, tufão!...

6.ª
E existe um povo que a bandeira empresta
P'ra cobrir tanta infâmia e cobardia!...
E deixa-a transformar-se nessa festa
Em manto impuro de bacante fria!...
Meu Deus! meu Deus! mas que bandeira é esta,
Que impudente na gávea tripudia?!...
Silêncio!... Musa! chora, chora tanto
Que o pavilhão se lave no teu pranto...

Auriverde pendão de minha terra,
Que a brisa do Brasil beija e balança,
Estandarte que a luz do sol encerra,
E as promessas divinas da esperança...
Tu, que da liberdade após a guerra,
Foste hasteado dos heróis na lança,
Antes te houvessem roto na batalha,
Que servires a um povo de mortalha!...

Fatalidade atroz que a mente esmaga!
Extingue nesta hora *o brigue imundo*
O trilho que Colombo abriu na vaga,
Como um íris no pélago profundo!...
...Mas é infâmia demais... Da etérea plaga
Levantai-vos, heróis do Novo Mundo...
Andrada! arranca este pendão dos ares!
Colombo! fecha a porta de teus mares!

(São Paulo, 18 de abril de 1968)

Improviso

À mocidade acadêmica

Moços! A inépcia nos chamou de estúpidos!
Moços! O crime nos cobriu de sangue!
Vós, os luzeiros do país, erguei-vos!
Perante a infâmia ninguém fica exangue

Protesto santo se levanta agora,
De mim, de vós, da multidão, do povo;
Somos da classe da justiça e brio,
Não há mais classe ante esse crime novo!

Sim! mesmo em face, da nação, da pátria,
Nós nos erguemos com soberba fé!
A lei sustenta o popular direito,
Nós sustentamos o direito em pé!

O povo ao poder

Quando nas praças s'eleva
Do povo a sublime voz...
Um raio ilumina a treva
O Cristo assombra o algoz...
Que o gigante da calçada
Com pé sobre a barricada
Desgrenhado, enorme, e nu,
Em Roma é Catão ou Mário,
É Jesus sobre o Calvário,
É Garibaldi ou Kossuth.

A praça! A praça é do povo
Como o céu é do condor
É o antro onde a liberdade
Cria águias em seu calor.
Senhor!... pois quereis a praça?
Desgraçada a populaça
Só tem a rua de seu...
Ninguém vos rouba os castelos
Tendes palácios tão belos...
Deixai a terra ao Anteu.

Na tortura, na fogueira...
Nas tocas da inquisição
Chiava o ferro na carne
Porém gritava a aflição.
Pois bem... nest'hora poluta
Nós bebemos a cicuta
Sufocados no estertor;
Deixai-nos soltar um grito
Que topando no infinito
Talvez desperte o Senhor.

A palavra! vós roubais-la
Aos lábios da multidão
Dizeis, senhores, à lava
Que não rompa do vulcão.
Mas qu'infâmia! Ai, velha Roma,
Ai, cidade de Vendoma,

Ai, mundos de cem heróis,
Dizei, cidades de pedra,
Onde a liberdade medra
Do porvir aos arrebóis.

Dizei, quando a voz dos Gracos
Tapou a destra da lei?
Onde a toga tribunícia
Foi calcada aos pés do rei?
Fala, soberba Inglaterra,
Do sul ao teu pobre irmão;
Dos teus tribunos que é feito?
Tu guarda-os no largo peito
Não no lodo da prisão.

No entanto em sombras tremendas
Descansa extinta a nação
Fria e treda como o morto.
E vós, que sentis-lhe o pulso
Apenas tremer convulso
Nas extremas contorções...
Não deixais que o filho louco
Grite "oh! Mãe, descansa um pouco
Sobre os nossos corações".

Mas embalde... Que o direito
Não é pasto do punhal.
Nem a patas de cavalos
Se faz um crime legal...
Ah! não há muitos setembros!
Da plebe doem os membros
No chicote do poder,
E o momento é malfadado
Quando o povo ensanguentado
Diz: já não posso sofrer.

Pois bem! Nós que caminhamos
Do futuro para a luz,
Nós que o Calvário escalamos
Levando nos ombros a cruz,
Que do presente no escuro

Só temos fé no futuro,
Como alvorada do bem,
Como Laocoonte esmagado
Morreremos coroado
Erguendo os olhos além.

Irmãos da terra da América,
Filhos do solo da cruz,
Erguei as frontes altivas,
Bebei torrentes de luz...
Ai! soberba populaça,
Rebentos da velha raça
Dos nossos velhos Catões,
Lançai um protesto, ó povo,
Protesto que o mundo novo
Manda aos tronos e às nações.

(*Obra completa*, 1966)

AMARO JUVENAL
(1851, CACHOEIRA DO SUL, RS – 1916, PORTO ALEGRE, RS)

Pseudônimo de Ramiro Fortes de Barcellos. Poeta satírico, médico, jornalista, foi secretário de Fazenda do seu estado natal e embaixador do Brasil no Uruguai. Integrou o primeiro grupo republicano e mais tarde se tornou feroz opositor do governo de Borges de Medeiros, então presidente da província, que lhe inspirou a famosa sátira *Antônio Chimango: poemeto campestre* (1915).

Quinta ronda
(fragmentos)

147

Tanto a gente como a tropa
Vinha muito aborrecida
Daquela marcha batida
Por dentro de um corredor.
O alambrado é um pavor
Pra quem anda nesta lida.

148

Nessas estradas peladas,
Às vezes, o dia inteiro
Em marcha, o pobre tropeiro
Não sabe o que há de fazer;
Nem água para beber
Mesmo a custa de dinheiro.

149

Mais valia andar sem poncho
E tropear durante o inverno
Que meter-se nesse inferno
De cercas que não têm fim.
Mas, que seja tudo assim...
Que bem l'importa ao governo?

150

O tropeiro que se amole,
Ou mude de profissão;
Que o governo tem função
Mais nobre a desempenhar:
Gente pra qualificar
E os preparos da eleição.

(...)

197

Pobre Estância de S. Pedro
Que tanta fama gozaste!
Como assim te transformaste
Dentro de tão poucos anos,
De destinos tão tiranos
Não há ninguém que te afaste!

(...)

199

Na mão do triste Chimango
O arvoredo está no mato;
O gado... é só carrapato;
O campo... cheio de praga.
Tudo depressa se estraga
No poder de um insensato.

200

Os açudes arrombados,
As invernadas abertas;
As varges estão desertas,
Onde o gado andava em pontas;
E ali só se fazem contas
Por debaixo das cobertas.

NARCISA AMÁLIA
(1852, SÃO JOÃO DA BARRA, RJ — 1924, RIO DE JANEIRO, RJ)

Mais lembrada pelo soneto "Perfil de escrava", frequente em antologias, consagrou-se cedo com um único livro de poemas, *Nebulosas* (1872), que não inclui seu famoso soneto, mas ganhou a simpatia crítica de ninguém menos que Machado de Assis. Professora, tradutora e jornalista, lutou em defesa da mulher, da abolição da escravatura, da República. Quase um século e meio nos distanciam de *Nebulosas*, que só alcançou nova edição, organizada por Anna Faedrich, em 2017. No interior de nossos eternos descompassos políticos e sociais, teria sido convenientemente esquecida?

Pesadelo

A meu pai, o Sr. Jácome de Campos

II

> *Ton souffle du chaos faisait sortir les lois;*
> *Ton image insultait aux dépouilles des rois,*
> *Et, debout sur l'airain de leurs foudres guerrières,*
> *Entretenait le ciel du bruit de tes exploits.*
>
> Casimir Delavigne

Salve! Oh! salve Oitenta-e-Nove
Que os obstáculos remove!
Em que o heroísmo envolve
O horror da maldição!

Rolam frontes laureadas,
Tombam testas coroadas
Pelo povo condenadas
Ao grito – revolução!

Caem velhos privilégios
D'envolta co'os sacrilégios;
São troféus – os cetros régios,
Mitra, burel e brasão!
E os três esquivos estados
Fundem-se em laços sagrados,
Que prendem os libertados
Aos pés da revolução!

No pedestal da igualdade
Firma o povo a liberdade,
Um canto à fraternidade
Entoa a voz da nação,
Que em delírio violento
Fita altiva o firmamento
E adora por um momento
A deusa – Revolução!...

Os ódios secam o pranto,
A ira tem mago encanto,
E a morte sacode o manto

Lançando crânios no chão!
Aqui – são longos gemidos
Desses que tombam feridos;
Ouvem-se além – os rugidos
Da fera – revolução.

Treme a humana potestade
Ante tua mortandade!
Proclama que a sociedade
Agoniza em convulsão!
Erguem-se estranhas fileiras
Vão devassar as fronteiras,
Bradando às hostes guerreiras:
– Abaixo a Revolução!

O nobre povo oprimido
Supõe-se fraco e vencido,
Medem-lhe o sangue espargido
Nas vascas da confusão.
Não sabem que é mais veemente
Dos livres o grito ingente
Quando reboa fremente
À luz da revolução!

Levanta-se hirta a falange
E a louca marcha constrange;
Rindo-se aguça o alfanje
Tendo por guia a razão!
Ao sibilar da metralha
O obus gemendo estraçalha,
E o vasto campo amortalha
Quem fere a revolução!

Cobre a bandeira sagrada
A multidão lacerada,
E da França ensanguentada
Assoma Napoleão;
Surge da borda do abismo
O gênio do cristianismo,
E dos mártires o civismo
Confirma a Revolução.

III

> *Que palmas de valor não murcha a grande história!*
> *O povo esquece um dia os ínclitos varões...*
> Pedro Luis

Contempla, minha pátria, sobranceira,
Dessas hostes os louros refulgentes;
E procurando a glória em teus altares
Entretece uma coroa a Tiradentes.

Viste marchar ao exílio acorrentados
Quais feras que teu seio rejeitava,
Os mais que desprender-te o pulso tentam,
E dormiste sorrindo – sempre escrava!...

E quando retumbou no espaço um brado
Tentando sacudir-te a negra coma,
Curvaste-te ao flagício fratricida
E deste ao cadafalso o – Padre Roma!

E não contente, após a exímia aurora
De tua amesquinhada independência,
Mais vítimas votaste em holocausto
Sufocando outra nobre inconfidência.

Não bastavam, porém, tantos horrores
Que enegrecem as brumas do passado;
Foi preciso que às mãos de um assassino
Caísse o grande herói – Nunes Machado!

Foi preciso que em nome da justiça
De prisão em prisão vagando esquivo,
Acabasse afinal sem glória e nome,
Em martírio latente – Pedro Ivo!...

Mas se um dia o porvir abrir-te o livro
Que o presente te oculta temeroso;
Se com a vista medires a estacada
Em que o falso poder se ostenta umbroso;

Então, ó minha pátria, num lampejo
Os erros surgirão da majestade;
E arrojarás ao pó cetros e tronos
Bradando ao mundo inteiro – liberdade!

(*Nebulosas*, 1872)

LOBO DA COSTA
(1853, PELOTAS, RS – 1888)

Ficcionista, dramaturgo, jornalista e poeta romântico mais popular do Rio Grande do Sul. *Rosas pálidas* (1872) e *Lucubrações* (1874), seus primeiros livros de poemas, se somam a várias antologias póstumas: *Auras do sul* (1888), *Dispersas* (1896), *Melhores poesias* (1927, organização de Mansueto Bernardi) e *Os Farrapos ou a Revolução de 1835 no Rio Grande do Sul* (1985, organização de Carlos A. Baumgarten). *Lobo da Costa* (1989), ensaio de Alice Campos Moreira, reúne breve antologia deste poeta que Guilhermino César, em *História da literatura do Rio Grande do Sul* (1956), considerou um símbolo de seu estado natal, ao lado do Negrinho do Pastoreio e de Sepé Tiaraju.

O inválido da pátria
(fragmento)

Dai-me uma esmola! uma esmola!
Dai-me uma esmola, por Deus!
Sou mendigo, tenho fome,
na terra perdi os meus.
Da luta nas ardentias
escoaram-se-me os dias
em defesa da nação...
Eu morro sem ter abrigo,
sem pai, sem mãe, sem amigo,
sem teto, sem luz, sem pão.

Oh! Senhor crucificado,
no mundo por que me deixas?
Nesta terra por que em breve
o meu cadáver não fechas?
Que mal fiz eu? Combatendo
não me vi quase morrendo?
Não lutei como um leão?
Oh! pátria, acaso um teu bravo
há de morrer como escravo,
desprezado como um cão?!
(...)

(*As melhores poesias*, 1927)

O rei e o operário

– O que vales, junto à forja,
Cingindo o sujo avental?
– E a ti que te vale a gorja
Do teu diadema real?

– Eu mando tropas e armadas,
Sustenho povos na mão...
– Pois eu tempero as espadas,
Que fazem a revolução!

– E eu tenho um cetro q'ao vê-lo
Curvam-se as raças fiéis...
– Pois eu possuo o martelo
Que prega a forca dos reis!

– És um divino espantalho...
– E tu, que vales, vilão?!...
– Eu forjo o anel do trabalho,
Tu forjas a escravidão!

– Eu tenho o sangue que deve
Recordar-me os faraós...
– E eu, o do peão que em *Grève*
Decapitou teus avós.

– Tu és das trevas o leito...
– Mentes, eu laboro a luz!
– Eu prego a luz do direito...
– E eu prego as leis de Jesus!

– Tu és a noite – eu o dia,
Deslumbram-te os vivos sóis...
Tu fundes a tirania,
Eu fundo os pulsos aos heróis!

(*Lobo da Costa*, 1989)

Os Farrapos
(fragmento)

XII
Abriu-se a cratera horrenda
da heroica dissolução...
não há peito que se renda
à velha constituição.
Sim! não há! vemos de sobra
como se enrosca essa cobra
nos seios do poviléu
abaixo! abaixo! por terra
aos rubros tiros da guerra
dos falsos deuses – o véu.

Existe – acima de tudo,
por baixo apenas de Deus,
um monstro enorme, sanhudo,
que abriga todos os seus!
Tem séculos, e é sempre novo
esse gigante é o Povo
o Povo-grande a rugir.
No estalar de cada dente
encravando no presente
todo o passado ao porvir.

O Povo – que pisa em brasas
sem sentir-lhes o calor,
o Povo – que tem as asas
mais velozes que o condor.
Ele, que faz maravilhas
Ele – que esboroa Bastilhas
que rue os tronos no chão!
Que tem a força de Jove
que decreta oitenta e nove
a golpes de seu facão!
(...)

(*Os Farrapos*, 1985)

LÚCIO DE MENDONÇA
(1854, PIRAÍ, RJ – 1909, RIO DE JANEIRO, RJ)

Poeta, cronista, contista, jornalista e advogado, também publicou um romance, *O marido da adúltera* (1882), e deixou outro inacabado, *O estouvado*. Crítico feroz da Monarquia e fã ardoroso da República, em *Vergastas* (1889) reuniu impiedosos poemas dirigidos aos poderosos do Império. Machado de Assis prefaciou seu primeiro livro de poemas, *Névoas matutinas* (1872), ao qual se seguiram *Alvoradas* (1975), *Canções de outono* (1897) e *Murmúrios e clamores: poesia completa* (1902).

A um senador do império

Ora estás no apogeu da glória reluzente:
Subiste para sempre; és vitaliciamente
Nosso legislador, grande homem, se é que o há.

Perdoa como um deus a grande alma de Alá.

És coluna e farol da vasta monarquia.
Tens uma firme glória enorme que irradia
Ante uma multidão imensa de fiéis...
E, além de toda a glória, alguns contos de réis.
Vê, se já podes ver, os homens com que ombreias:
Octaviano – o cantor que venceu as sereias,
Feiticeiro que muda em joias o papel,
Ateniense que tem o lábio ungido em mel
E que põe na palavra os brilhos do diamante;
Como o arcanjo Miguel formoso e coruscante,
Vê José Bonifácio, alma gêmea do sol.

Que iluminada altura e que brilhante escol!

No velho Panteão do campo de Santana,
Cinge-te o louro eterno a fronte soberana.
Senador e ministro! – estás sentado à mão
De Deus Padre; e nem vês, embaixo, a multidão
O povo, a plebe vil sem nome e sem dinheiro,
Corja de pedinchões vadios e venais...
Tu campeias no céu – e vê-te o mundo inteiro...

Judas Iscariotes, pagaram-te demais!

De feito, que eras tu? Vaidoso como um odre
Vazio, e, quanto ao mais, uma consciência podre.
Como Troplong, o infame, ao vil Napoleão,
Jurista, te vendeste a Pedro, o bom patrão.
Quiseste enodoar ao mesmo tempo, traste!
A blusa popular com que te apresentaste.
Mas não! manchado és tu, manchada é a libré
Que tu vestes agora; o ínfimo galé
Teria nojo dela!

És hoje um poderoso
Ministro e senador; pois olha, um cão leproso
Fugiria de ti, por não sujar-se mais.
Transpuseste orgulhoso os augustos umbrais
Do senado, e a curul que sob ti se infama
Há de ser como aquele ominoso Hakeldama
Com o preço da traição comprado, um mau lugar
Estéril e sem luz – campo de sepultar.

Refere a tradição que um déspota romano
Fez cônsul um cavalo. O nosso soberano,
Calígula jogral, tirano bonachão,
Para nos aviltar, faz senador um cão!

Minas, 1884.

Visões do abismo

XII – A propriedade

Sua, rasgando o seio à terra dura,
Ao sol ardente, o rude jornaleiro;
E na lôbrega mina fria, escura,
Lida e mata-se o intrépido mineiro.

No inclemente oceano traiçoeiro,
O pescador, que o negro céu tortura
Com as gélidas cordas do aguaceiro,
Em cada onda à morte se aventura.

Na cidade, entretanto, o gordo agiota
Farto digere e consolado arrota,
Pousando o cálix de licor enxuto.

O que o Trabalho ganha em todo um dia,
Sua Alteza o Capital, que se enfastia,
Em meia hora o fuma – num charuto.

XIII – A propriedade
(no cemitério)

Aqui jaz o calor da juventude,
As generosas ambições de glória,
O amor – a luz da vida transitória,
O entusiasmo e os sonhos e a virtude...

Tudo enterrou-se aqui: o áspero e rude
Egoísmo, e o orgulho e a ilusória
Esperança... Aqui jaz toda uma história
Encadernada em cada um ataúde.

Neste fúnebre pouso derradeiro
A eternidade no silêncio fala...
Mas ainda tem altares o dinheiro,

Que nem a Morte a humanidade iguala:
Para o rico – o epitáfio lisonjeiro,
E para o pobre – o anônimo da vala!

XIV – O consórcio maldito

Ele é um rude sujeito honrado e generoso,
Forte e trabalhador. Ela é toda franzina;
É de antiga nobreza; e é da raça felina
O seu mavioso gesto elétrico e nervoso.

Jura-lhe amor, e tem-lhe um ódio rancoroso.
Sobre o peito do atleta o régio busto inclina,
E mete-lhe no bolso a mão fidalga e fina
E despoja-o. E ele, o bom e cego esposo,

Deixa-se despojar, e trabalha, calado.
Ela com uns padres vis anda de mancebia,
E, fartos, riem dele, o enorme desgraçado.

Ela é a Messalina, a barregã sombria,
Ele, um trabalhador estúpido e enganado.
Ele chama-se – Povo, e ela – Monarquia.

XV – No fundo do abismo
(paráfrase de um dito popular)

Paramos de descer e de rolar,
Paramos: é o fundo já do abismo.
Tirou de todo a máscara o cinismo;
É noite negra na alma popular.

Nasceu esta miséria deste par
– A Monarquia e o Ultramontanismo.
Despojou-nos o negro banditismo,
No covil-trono e no balcão-altar.

Ó Pátria! surge deste inferno em que ardes!
Concidadãos! debalde esperareis,
Se das mãos do opressor tudo esperardes.

Não! vós não vos salvais se não bebeis
Todo o sangue do último dos padres
Pelo crânio do último dos reis!

Minas, 1879.

(*Murmúrios e clamores: poesia completa*, 1902)

FONTOURA XAVIER
(1856, CACHOEIRA DO SUL, RS – 1922, LISBOA, PORTUGAL)

Poeta, tradutor e jornalista, foi também diplomata de carreira que terminou como embaixador do Brasil em Lisboa. Tradutor de Baudelaire, Poe e Prudhomme, autor de um poema satítico contra Pedro II, *O régio saltimbanco* (1877), é hoje mais lembrado por *Opalas* (1884).

Massas de bronze

A Luís Delfino

Não foram dois heróis mas foram dois chacais!
Fizeram-se no tempo em que uma tirania
Co'a descarnada mão da morta monarquia
Esbofeteava a Lei nos fojos imperiais!

Eram dignos um d'outro os míseros rivais:
Enquanto um, menos nobre, à infâmia se vendia
O outro, Judas vil, as suas leis traía
Roubando uma coroa à frente de seus pais!...

Hoje, feitos de bronze e erguidos pelas praças
Para glória dos reis e insulto às populaças,
Um – cospe desdenhoso escárnios à Nação;

Enquanto, sobre o pó do fúnebre banquete,
Outro – tenta apagar co'a pata do ginete
A luz da liberdade e a sombra d'um Catão!

Rio de Janeiro

Ambição

Pobres! num só colchão podem caber uns três.
Mas o maior império é pouco p'ra dois reis.

(*Opalas*, edição definitiva, 1905)

ARTHUR AZEVEDO
(1855, SÃO LUÍS, MA – 1908, RIO DE JANEIRO, RJ)

Comediógrafo, contista, jornalista, professor, tradutor. Autor de dezenas de peças de teatro, foi poeta de circunstância e até hoje não temos edição que reúna toda sua produção no gênero. O primeiro poema reproduzido aqui integrou um folheto, *O dia de finados* (1877), de poemas satíricos que, segundo R. Magalhães (em *Artur Azevedo e sua época*, 3.ª edição revista, 1966), não conquistaram a simpatia de Machado de Assis. O segundo poema é de Gavroche, um dos tantos pseudônimos usados pelo autor na sua intensa militância jornalística.

O dia de finados
(fragmento)

Dos filhos teus respeita as cinzas santas,
Meu querido Brasil; *parce sepultis*!
A incineração por que não plantas,
A fim de que, sem dó, não as insultes?

Onde penetra o rápido progresso,
A incineração consigo leva;
Todo o povo, da escuridade egresso,
No fumo que ela dá ao céu se eleva!

Não há melhor jazigo para o morto
Que o espaço que as cinzas lhe reclama,
Por dar com elas vida e dar conforto
À Natureza que por seiva clama.

A incineração! Sim! Admiti-a,
Senhores do poder! Tereis a palma!
Substitui por fogo a terra fria!
Queima-se o corpo, não se queima a alma.

A alma foge? Fazei que o corpo fuja!
Instituí a cremação solene!
Deixai, deixai que o Vaticano ruja,
Pois, se do Papa a excomunhão vos suja,
Vos absolvem razão, moral, higiene!

Instituí a cremação! Dispense
Consultas o poder, impertinentes;
Sua adoção, em lógica, pertence
Ao juiz de defuntos e ausentes.

Acham os padres que é medida torta
A generosa usança coativa;
Não querem que se queime gente morta
Os mesmos que queimavam gente viva!

(*Carapuças, O domingo, O dia de finados: sátiras I*, 1989)

***

Há oito anos que podia
Neste País o estrangeiro
Puxar por uma quantia
E comprar um brasileiro.

(*Gazeta da Tarde*, Rio de Janeiro, 13 de maio de 1896)

ALBERTO DE OLIVEIRA
(1857, PALMITAL, SAQUAREMA, RJ – 1937, NITERÓI, RJ)

Poeta de obra vasta – *Canções românticas* (1878), *Meridionais* (1884), *Sonetos e poemas* (1885), *Versos e rimas* (1895), *Poesias* (1900), *Poesias, 2.ª série* (1905), *Poesias, 3.ª série* (1913), *Poesias, 4.ª série* (1927) –, também publicou contos e ensaios. Dos nossos grandes parnasianos (ao lado de Olavo Bilac e Raimundo Correia) é injustificadamente pouco lido até por quem mais deveria admirá-lo – os estudiosos da melhor poesia brasileira de fins do século XIX. De sua imensa bibliografia vale ainda lembrar as antologias *Póstuma* (1944) e *Melhores poemas* (2007, organização de Sânzio de Azevedo). "Os dois presidentes", poema dirigido a Alberto Torres, então governador do estado do Rio de Janeiro (de 1898 a 1900), foi publicado no livro *Lira acaciana* (1900), em coautoria com Olavo Bilac e Pedro Tavares Júnior, unidos os três poetas sob o pseudônimo Ângelo Bitu.

Os dois presidentes
(em Petrópolis)

Quando eles vão em seus corcéis ardentes,
Pra-ca-tá, pra-ca-tá, pela cidade,
Desde a avenida Koeler às vertentes
Do Itamarati reina a ansiedade.

Nas ruas pasmo exclama o povo: "Ai gentes,
Um todo é garbo, o outro precocidade!"
Suspira a rosa: "Os nossos presidentes!"
Murmura a brisa: "Resistir quem há de?"

E um diz: "Que fresco!" E o outro diz: "Fresquíssimo!"
Note esta grande lei, Excelentíssimo:
O ar é mais livre fora do palácio.

E... "mas não prosseguiu, que ao pé, na estrada,
(De onde vem essa voz?) uma voz brada:
"Qual de vocês é o Conselheiro Acácio?"

(*Lira acaciana*, 1900)

RAIMUNDO CORREIA
(1859, A BORDO DO VAPOR SÃO LUÍS, NA BAÍA DE MANGUNÇA, EM ÁGUAS DO MUNICÍPIO DE CURURUPU, MA – 1911, PARIS, FRANÇA)

Cronista, ensaísta, professor, diplomata, juiz de direito e um dos melhores poetas (Manuel Bandeira o tinha como maior) do nosso tão polemicamente difamado parnasianismo. Publicou *Primeiros sonhos* (1879), *Sinfonias* (1883), *Versos e versões* (1887), *Aleluias* (1891) e *Poesias* (1898). De sua *Poesia completa e prosa* (1961, organização de Waldir Ribeiro do Val) são estes poemas de cômica mordacidade.

Ao poder público
(1º de janeiro de 1880)

Tu que és da direção das massas investido,
Tu que vingas o crime e que o Povo defendes,
E executas a lei penal, e do bandido
No topo de uma forca o cadáver suspendes;

Tu que tens o canhão, a tropa, a artilharia,
Tu mesmo és quem fuzila a inerme populaça;
Incurso estás também no Código, e devia
Pra ti também se erguer uma forca na praça!

A cabeça de Tiradentes

Da ideia que engendrou pendia a sorte
Da pátria, a sorte a que ela, ávida anseia;
Mas o músculo férreo, o punho forte
Comprime-lhe do déspota a cadeia.

Sela-lhe a morte os lábios e os roxeia,
E anuvia-lhe o largo e altivo porte –
Morre esmagado pela grande ideia!
Morre – e morrendo isenta-se da morte!

Do moribundo a mártir e divina
Cabeça fulge sobre o poste imundo,
Onde grasnam as aves de rapina;

Da luz sangrenta que, a morrer, derrama,
Em torno, o sol – esse outro moribundo –
Tece-lhe um largo resplendor de chama....

O tiro do canhão

A Fontoura Xavier

O tiro do canhão demarca a propriedade
E o domínio que tem no mar cada nação;
Desenvolva-se o ardor, cresça a velocidade,
Multiplique-se o impulso ao tiro do canhão!

E de um mar a outro mar, varando os ares, una
As nações e rebente a baliza fatal!
Seu estrondo será o estrondo da Comuna,
Será a aclamação do Império universal!

Ao Brasil

Tu, que (reza Castro Alves) foste feito
Para a grandeza, e cujo enorme fisco
Sempre está cheio, farto e satisfeito,
Como a barriga do Martim Francisco;

Tu, onde são iguais o branco e o preto,
Onde há Fábricas como a de Ipanema,
E altos inventos como o sulfureto
De carbono *imortal* do Capanema;

Tu, país entre os mais civilizados,
Que senadores tens e deputados,
E um sabichão monarca; tu, que aos sacos,

Mandas aos europeus cafés e milhos...
Sabe Brasil: dizem que nós, teus filhos,
Que desaforo! somos uns macacos!...

(*Poesia completa e prosa*, 1961)

CRUZ E SOUSA
(1861, NOSSA SENHORA DO DESTERRO, HOJE FLORIANÓPOLIS, SC – 1898, SÍTIO, MG)

Poeta e cronista, autor de *Missal* (1893), *Broquéis* (1893), *Evocações* (1898), *Faróis* (1900, organização de Nestor Vítor), *Últimos sonetos* (1905), posteriormente reunidas por Nestor Vitor em *Obras completas* (1923) e mais tarde por Andrade Muricy em *Obra completa* (1961). "Entre luz e sombra" está entre os poemas mais críticos e irônicos da obra do poeta e talvez do Simbolismo brasileiro.

Entre luz e sombra

> Ao dia 7 de Setembro
> *Libertas Lux Dei!!...*

Surge enfim o grande astro
que se chama Liberdade!...
Dos sec'los na imensidade
eterno perdurará!...
Como as dulias matutinas
que reboam nas colinas,
nas selvas esmeraldinas
em honra ao celso Tupá!...

Eram só cinéreas nuvens
os brasíleos horizontes!
Curvadas todas as frontes
caminhavam no descrer! –
As brisas nem murmuravam...
Os bosques nem soluçavam...
Os peitos nem se arroubavam...
— Estava tudo a morrer!...

De repente, o sol formoso
vai as nuvens esgarçando.
As almas vão palpitando,
cintilam magos clarões!...
E o Índio fraco, indolente
fazendo esforço potente
dos pulsos quebra a corrente,
biparte os acres grilhões!...

Por terra tomba gemendo
o vão, atroz servilismo...
Rui a dobrez no abismo...
Eis a verdade de pé!...
Enfim!... exclama o silvedo
Enfim!... lá diz quase a medo
selvagem, nu Aimoré!...

Assim, brasílea coorte,
falange excelsa de obreiros,
soberbos, almos luzeiros

de nossa gleba gentil,
quebrai os elos d'escravos
que vivem tristes, ignavos,
formando delas uns bravos
– p'ra glória mais do Brasil!...

Lançai a luz nesses crânios
que vão nas trevas tombando
e ide assim preparando
uns homens mais p'ro porvir!
Fazei dos pobres aflitos
sem crenças, lares, proscritos,
uns entes puros, benditos
que saibam ver e sentir!...

Do carro azul do progresso
fazei girar essa mola!
Prendei-os sim, – mas à escola
matai-os sim, – mas na luz!
E então tereis trabalhado
o negro abismo sondado
e em nossos ombros levado
ao seu destino essa cruz!!...

Fazei do gládio alavanca
e tudo ireis derribando;
dormi, co'a pátria sonhando
e tudo a flux se erguerá!
E a funda treva cobarde
sentindo homérico alarde,
embora mesmo que tarde
curvada assim fugirá!...

Enfim!... os vales soluçam
enfim!... os mares rebramam
enfim!... os prados exclamam
já somos livre nação!!...
Quebrou-se a estátua de gesso...
Enfim!... — mas não... estremeço,
Vacilo... caio, emudeço...
Enfim de tudo inda não!!...

LEANDRO GOMES DE BARROS
(1865, POMBAL, PB – 1918, RECIFE, PE)

Considerado nosso maior poeta popular, exerceu forte influência na literatura de cordel ao longo do último século. Publicou mais de mil poemas, em folhetos sucessivamente reeditados, histórias que versam sobre cangaço, agruras da vida no sertão, pobreza, seca e demais flagelos nacionais. "O povo na cruz" é poema emblemático que muito diz de um povo, o nosso, que tanto padece e do qual "Alfândega, Estado, Intendência/ Cada um tira um pedaço."

O povo na cruz

Alerta, Brasil, alerta!
Desperta o sono pesado
Abre os olhos que verás
Teu povo sacrificado
Entre peste, fome e guerra
De tudo sobressaltado.

O brasileiro hoje em dia
Luta até para morrer,
Porque depois dele morto
Tudo nele quer roer,
De forma que até a terra
Não acha mais que comer.

A fome come-lhe e carne
O trabalho gasta o braço
Depois o governo pega-o
Há de o partir a compasso
Alfândega, Estado, Intendência
Cada um tira um pedaço.

O médico cobra a receita
O boticário a meizinha
O juiz confisca logo
Alguns bens se acaso tinha
Inda ficando uma parte
Diz a Intendência, é minha.

Assim morre o brasileiro
Como o bode exposto à chuva,
Tem por direito o imposto
E palmatória por luva,
Família só herda dele
Nome de órfão e viúva.

Morrendo um pobre diabo
Se acaso deixar dinheiro
Ainda deixando um filho
Este não é seu herdeiro

Só herda dele o juiz
O escrivão, o coveiro.

E o governo bem vê
Nossos martírios cruéis
Só faz é nos botar selo
Da cabeça até os pés,
Diz de manhã morre um
Ao meio-dia nasce dez.

E grita vá o imposto
Morra quem estiver doente
Morrem cem nascem dez mil,
O Brasil tem muita gente
O tempo vai muito bem
Toca o banquete p'ra frente.

O governo estraga o pão
Dizendo não custou nada
Dinheiro nasce no mato,
Acha-se em qualquer estrada
Vendo o mendigo morrer
Como fosse ao pé da estrada.

Porque o pobre infeliz
A quem a fome deu cabo
Diz o prefeito morreu
Pode levar o diabo
Diz o coveiro: de graça
A sepultura não abro.

São essas as garantias
Que competem ao brasileiro
Ter fome em cima do pão
Ser pobre tendo dinheiro
Ser mandado pelos servos
Isto causa desespero.

Como vive o brasileiro
Com três impostos a pagar
Um corpo com três feridas

Como assim pode escapar?
Um ser escravo de três
Se acaba de trabalhar.

São tantas as perseguições
Dos impostos que se paga
Que um fiscal p'ra nação
Não pode haver maior praga
É como bala de rifle
Onde vai fura ou esmaga.

Não há mesmo quem resista,
Estes impostos d'agora
Diz o governo que tem
Quer morra tudo em u'a hora?
Quando o norte se acabar
Eu boto bagaço fora.

E se não houver inverno,
Como o povo todo espera,
De Pernambuco não fica
Nem os esteios da tapera,
Paraíba fica em nada
Rio Grande desespera.

O Rio de Janeiro, hoje
Parece um grande condado,
Ri-se o rico, chora o pobre
Lamentando o seu estado
Diz o governo eu vou bem,
Tudo vai do meu agrado.

São Paulo para o governo
É primor da criação,
Eu acho parecido
Com sítio da maldição,
Aquele que Judas comprou
Com o ouro da traição.

Filho de chefe político
Inda bem não é gerado

Diz o pai minha mulher
Já tem no ventre um soldado
Mas antes de sentar praça
Eu o quero reformado.

Assim antes de ser casa,
Já podia ser tapera,
Ou caju que antes da fruta,
Já a semente prospera,
Ou é raça de pescada
Que antes de ser já era.

Nosso Pernambuco velho
Há anos anda caipora,
Vendo-se a hora e a instante
Que a capital vai embora
O governo está marcando
Em botar-lhe o bagaço fora.

Paraíba, coitadinha!
Já perdeu toda esperança,
É mesmo que uma boneca
Nas unhas d'uma criança,
Faz toda a súplica ao governo
Mas suplica e nada alcança.

Em que hoje está tornado
O país da Santa Cruz!
Está igual à mariposa
No calor do fogo ou luz,
O brasileiro é um verme,
O estrangeiro é mastruz.

O Brasil hoje só presta,
Para inglês, padre e soldado,
Médicos, feiticeiros e brabos,
O mais vive acabrunhado,
De forma que fica o mundo,
Por estes só situado.

O rico matando o pobre,
Nem se recolhe à prisão,
Diz logo o advogado,
Matou com muita razão
Se passa um mês na cadeia,
Tem a gratificação.

(*O povo na cruz*, cordel, s/d)

Ave Maria da eleição

No dia da eleição
O povo todo corria,
Gritava a oposição:
 Ave Maria!

Viam-se grupos de gente
Vendendo votos na praça,
E a urna dos governistas
 Cheia de graça.

Uns a outros perguntavam:
– o senhor vota conosco?
Um chaleira respondeu:
– Este *O senhor é convosco.*

Eu via duas panelas
Com miúdos de dez bois,
Cumprimentei-as, dizendo:
 Bendita sois!

Os eleitores, com medo
Das espadas dos alferes,
Chegavam a se esconderem
 Entre as mulheres...

Os candidatos andavam
Com um ameaço bruto,
Pois um voto para eles
 É bendito fruto.

Um mesário do Governo
Pegava a urna, contente,
E dizia: – "Eu me gloreio
 Do vosso ventre!"

(*Ave Maria da eleição*, cordel, s/d)

OLAVO BILAC
(1865, RIO DE JANEIRO, RJ – 1918)

Cronista, ensaísta, jornalista, tradutor, autor de literatura infantojuvenil e poeta dos maiores de seu tempo, a celebridade o transformou também no parnasiano talvez mais perseguido pelos detratores da escola, que lhe atribuem excessiva marca formal. Publicou cedo o primeiro livro, *Poesias* (1888), seguido pelo póstumo *Tarde* (1919), posteriormente em *Obra reunida* (1996, organização de Alexei Bueno). De seus poemas satíricos, reunidos em *Sátiras* (2018, organização de Álvaro Simões Junior), a paródia do Ato III de Hamlet é dirigida ao "marechal de ferro" Floriano Peixoto – esta e outras sátiras ele publicou disfarçado por pseudônimos – Fantasio e O Diabo Vesgo ("O ostracismo") –, o que na época o levou à prisão repetidas vezes. Antecede a paródia shakespeariana uma impagável nota de humor, e em parte dela o poeta afirma: "Trago a público um trecho dessa tradução inédita. É o monólogo de Hamlet. Não sei por que extravagante fantasia fez o tradutor que a cena do monólogo se passe em uma sala do Itamaraty. Não sei ainda, também, por que Hamlet no diálogo com Ofélia lhe fala, como se estivesse falando à Constituição. Originalidades. (...) Que tem Shakespeare com a República?" Já no livro derradeiro, *Tarde*, Bilac se mostraria menos debochado ao cantar a pátria com apaziguada ira parnasiana, ele que foi, diga-se de passagem, um fervoroso patriota.

Hamlet
Ato III – Cena I

(*Uma sala no palácio do Itamaraty. Hamleto entra vagarosamente e para no meio da sala. Apoia o queixo na palma da mão direita, fica com a mão esquerda metida na abotoadura da sobrecasaca, e balança uma perna, meditabundamente*)

     HAMLETO (*monologando*)
Ser ou não ser... Minh'alma, eis o fatal problema!...
Que deves tu fazer, nesta angústia suprema,
Alma forte? cair, degringolar no abismo?
Ou bramir, ou lutar contra o federalismo?
Morrer, dormir... dormir... ser deposto... mais nada!
Oh! a deposição é o patamar da escada...
Ser deposto!... Rolar por este abismo, às tontas...
(*Depois de longa meditação*)
E o câmbio? E o Vitorino? E o Tribunal de Contas?
(*Outra meditação*)
Morrer, dormir... dormir? sonhar talvez!... Que sonho?
Que sonho? a reeleição!
(*Nova meditação*)
    Se os batalhões disponho
Com jeito, e os afeiçoo às ambições que sinto,
Venço... E esta opinião é a do Moreira Pinto!
(*Cai numa reflexão profunda*)
Mas, enfim, para que ser novamente eleito?
Se não fosse o terror... Se não fosse o respeito
Que a morte inspira, e o horror desse sono profundo...
Ah! quem suportaria os flagelos do mundo,
O ódio do Juca Tigre; o armamento estragado;
A petulância atroz do tenente Machado;
O comércio que morre; a indústria que adormece;
A lavoura que míngua; o déficit que cresce
Horrivelmente como a estéril tiririca;
A bravura do Moura; o gênio do Oiticica;
– Oh! quem resistiria a tanto, de alma forte,
Se não fosse o terror do ostracismo e da morte?
(*Pausa*)

O ostracismo... – região triste e desconhecida,
D'onde nenhum viajor voltou jamais à vida...
Ah! eis o que perturba... Ah! eis o que entibia
A coragem maior e a maior energia!...
(*Entra Ofélia*)
Aí vem a bela Ofélia...
(*Voltando-se para ela*)
                              Anjo! quando rezares,
Nunca peças a Deus pelo Silva Tavares...

    OFÉLIA
Meu senhor, como está?

    HAMLETO
                  Bem, obrigado, filha!
Viste se estava à porta o nosso Quintanilha?

    OFÉLIA
Não vi, não, meu senhor. Tenho de Vossa Alteza
Doces prendas de amor que me enchem de tristeza...
Ah! não quero avivar, guardando-as, a saudade...

    HAMLETO
Não te dei nada!

    OFÉLIA
                 Deu! Deu-me a elasticidade,
Com que me transformei numa lei de borracha!
Hoje, dentro de mim, o sofisma se agacha,
Meu senhor! A que mais devo eu este prodígio,
Senão ao seu amor, senão ao seu prestígio?

    HAMLETO
Dize, Constituição! Tu és republicana?

    OFÉLIA
Meu senhor...

    HAMLETO
Dize mais! É norte-americana?

OFÉLIA
Príncipe...

HAMLETO
Meu amor, parte para Chicago...
Olha! eu nunca te amei! Se um sonho idiota e vago,
Um dia te incutiu tal cousa na cabeça,
Que te deixe esse sonho, e essa ilusão te esqueça:
– Varre o sonho, criança... Homem nenhum merece
Um juramento, um beijo, um suspiro, uma prece...

OFÉLIA
Iluminai-lhe a mente,
Poderes celestiais!

HAMLETO
Sou vice-presidente?
Sou presidente? Sou ditador? Sou cacique?
Oh! que paralisada a minha língua fique,
Se te minto. Não sou mais do que um homem. Parte!
Que é de teu pai?

OFÉLIA
Não sei.

HAMLETO
Devia acompanhar-te.
A lei, neste país, não pode andar sozinha...
Parte para Chicago! A tua dor é a minha:
É a dor que anda a chiar em toda a vida humana!
Parte para a imortal nação americana!
Parte para Chicago!
(*Olha fixamente para Ofélia*)
Ah! entendo o teu susto:
Não tens dinheiro? Toma esta ajuda de custo!
São cem contos de réis... Prostituo, mas pago.
(*Vai saindo*)
E adeus, Ofélia! Vai! Parte para Chicago!...

O despacho
Comédia instantânea

(*Uma sala do palácio Itamaraty. Seis homens sérios estão sentados em torno de uma larga mesa. É hora de despacho. À cabeceira da mesa, o chefe passa a mão pelas barbas. À porta, encostado ao portal, mestre Philadelpho presta atenção.*)

      O CHEFE
Vamos! fale cada um por sua vez! Que eu acho
Que é hora, amigos meus, de apressar o despacho...

      ALBERTO
(*muito circunspecto, com um ar de supremo bom senso na face moça*)
Chefe! tudo vai bem... Isto faz bem à alma...
O Congresso discute... O povo está em calma...
Pesa um doce torpor sobre a nação apática...
A imprensa continua a não saber gramática...
E eu continuo a dar aos nossos fluminenses
Touradas e café, – *panem et circenses*!

      O CHEFE
Muito bem, muito bem, meu jovem Conselheiro!

      DIONÍSIO
(*com farda e espada, mas com um maço de protocolos debaixo do braço*)
Chefe! tudo vai bem... Diplomata e guerreiro,
Eu atrapalho a Europa e deslumbro os basbaques:
Continuo a amimar os batalhões do Vasques,
E ando a parlamentar, cheio de manha e tino,
Com a astúcia feroz do nosso de Martino...

      O CHEFE
Fale agora o doutor Antônio Olinto!

      OLINTO
                  Chefe!
Minha Estrada Central, a Estrada – magarefe,

(Mais pronta que os punhais, os canhões e os venenos)
Cada vez mata mais e anda cada vez menos.
O Correio vai bem. Cada carta expedida
Busca o destinatário e encontra-o na outra vida;
Manda-se um telegrama ao avô? chega ao neto,
Quando não vai chegar ao bisneto...

    O CHEFE
      Correto!
Tem a palavra agora o nosso Elisiário...

    ELISIÁRIO
Eu seria talvez um belo secretário,
Se houvesse no Brasil, nestes horríveis dias,
Mais navios de guerra e menos Nicossias.
Mas, em vez de uma esquadra (o diabo que me valha!)
Tenho ódio d'*O País* e o amor do Garcez Palha...

    O CHEFE
Ande assim, que vai bem! Nada de guerra, nada!

    ALBERTO (*sentencioso*)
Deixemos, por quem sois, a nação sossegada!
Viva a paz! porque a paz é o contrário da guerra!

    O CHEFE (*admirado, e à parte*)
Que profundo bom senso este menino encerra!
(*alto*)
Fale agora o senhor ministro da Fazenda!
(*Profundo silêncio. Ouvem-se voos de moscas.
Philadelpho adianta-se e sacode Rodrigues*)

    PHILADELPHO
Ó senhor! ó senhor! senhor ministro, atenda!
(*profundo silêncio*)
Sacuda-se daí! fale ao doutor Prudente!
Não há meio, Senhor!... dorme profundamente...

    O CHEFE
Então, vai tudo bem... Durmamos todos! Acho

Que está salva a Nação! Está suspenso o despacho!

(*Saem todos. Na sala ficam, apenas, o ministro da Fazenda, que ronca, e mestre Philadelpho, somando as parcelas do caderno do armazém.*)

O ostracismo
Cena dramática instantânea

(*A ação passa-se no alto da serra de Teresópolis, em uma casa de campo, de muitas janelas rasgadas para o ar livre. Na fachada, há esta palavra, em letras verdes: Ermitage. Em uma das janelas, melancolicamente esticando os olhos para o Rio de Janeiro, está um cidadão barbado. A tarde cai.*)

O CIDADÃO BARBADO
Cai a tarde... Já vai dormir a Natureza...
Também meu coração, na mágoa e na tristeza,
Quer dormir, mas não pode! E eu me rebelo, e cismo,
Posto sobre o teu cume, ó serra do Ostracismo!
Ó aves que, a voar, ides partir daqui,
Meus suspiros levai para o Itamaraty!
Contai ao movimento e ao pó da rua Larga
Minha ansiedade atroz, minha saudade amarga!
Ó serra do Ostracismo e da Convalescença,
Não me podes curar da principal doença!
Que é que posso fazer para me não lembrar
Da glória de reger, da glória de mandar?
Por que foi que o poder passou, naquele dia,
Do café de S. Paulo às mangas da Bahia?
Ai! dias de despacho! ai! dias de audiência!
Ai! ministros fiéis da minha Presidência!
Amáveis recepções! chás presidenciais!
Nunca mais! nunca mais! nunca mais! nunca mais!

PHILADELPHO (*à parte*)
E ai, senhor de Morais! o que nos põe mais tontos
É perder, afinal, os cento e vinte contos!
(*Cai a noite. Cai-me a pena das mãos. Cai o pano.*)

EMÍLIO DE MENESES
(1866, CURITIBA, PR — 1918, RIO DE JANEIRO, RJ)

Assíduo colaborador de jornais e revistas da *belle époque* carioca e poeta de *Marcha fúnebre* (1893), *Poemas da morte* (1901), *Poesias* (1909), *Últimas rimas* (1917) e, em edição póstuma, *Mortalhas* (1924), incluídos em *Obra reunida* (1980, organização de Cassiana Lacerda Carollo), em que os sonetos a seguir integram a seção dos "versos humorísticos" de *Mortalhas: os deuses em ceroulas*. A irreverência é marca indissociável da obra deste boêmio satírico.

W.B.

Nem ótimo, nem péssimo. Vai indo.
Personificação do meio-termo,
Veio das vascas do governo findo
E é um paliativo no país enfermo.

Ora galgando altura, ora caindo,
Ora na multidão, ora num ermo,
Alguns afirmam que é um talento lindo,
Outros que é um pobre e simples estafermo.

De livres-pensadores teve os votos,
Continuando entre os boatos e os devotos,
A ser o que carrega a maior trouxa.

Da presidência, em meio à lufa-lufa,
Quanto mais se lhe bate – mais estufa,
Quanto mais se lhe aperta – mais afrouxa.

Carta aberta
                    Ao General P.B., Inspetor da 5.a Região Militar.

General. Ouça aqui Vossa Excelência:
Acabe essa mania assim esquisita
De ver, em cada praça, a conivência
Com bernardas de que ninguém cogita.

Um general da sua competência,
Tendo uma fé de ofício tão bonita,
Deve guardar, ao menos, a aparência
De quem detesta a exibição e a fita.

Saiba Vossa Excelência: Já se gasta
O tempo em afirmar-se (quem diria!)
Que o alto cargo em que está já lhe não basta.

Se a vontade de ser ministro o guia
Espere que há de ter um dia a pasta.
Não queira, a muque, a pasta do Faria!

(*Obra reunida*, 1980)

PÉTHION DE VILLAR
(1870, SALVADOR, BA – 1924)

Pseudônimo de Egas Moniz Barreto de Aragão. Médico, professor de medicina e de línguas, prosador, tradutor, cientista, autor de *Suprema epopeia* (1900) e *Poesias escolhidas* (1928), integra o *Panorama do movimento simbolista brasileiro* (1951), de Andrade Muricy, e teve sua *Poesia completa* (1978) organizada por sua filha mais nova, Ana Moniz de Aragão do Rêgo Maciel.

Sábado, 11 de novembro de 1899
    Receita que me deu um velho político ao
    perguntar-lhe o que devia eu fazer
    para entrar na política sem susto.

Todos os dias, em jejum, engula
Um sapo vivo e antes de se deitar,
Veja se pode uma barata fula
Ou na falta, uma aranha c'ranguejeira,
Sem uma só careta, mastigar.

Faça isto, seis meses, em fieira;
Se não lançar, se não levar o diabo,
    Pode aprender sem custo
O seu alamiré de cabo a rabo,
Pode entrar na política sem susto.

Quinta-feira, 29 de março de 1900
    O governo dos Estados Unidos da América do
    Norte convidou o governo do Brasil
    para uma conferência com o fim de tratarem de
    interesses da América.
    (Telegrama de ontem)

Cuidado, meu Brasil! Digo-te eu
Cair não vás acaso n'algum laço...
Lembra-te, meu Brasil, o que se deu
Quando depois de eterno amor jurado,
A panela de ferro deu o braço
À panela de barro!... Olha, cuidado!

Quinta-feira, 19 de abril de 1900

Receita para fazer a "opinião pública"

Cem mil gadanhos, mas de engrossadores,
Garras de abutre, línguas de serpentes,
Intrigas mil, jornais mexeriqueiros,
Pulmões de ferro e gestos veementes;

Cem arrobas de asneiras bem taludas,
Compradas no balcão da fatuidade.
Bombas de estilo, frases compassadas:
Pátria, Direito, Lei, Fraternidade!

Queixadas fabulosas de oradores,
Burras abertas como gargalhadas,
Toneladas de incenso, palmas, flores,
Gloriosas bandeiras desfraldadas.

Misture, mexa bem, deixe ferver,
Quanto mais turva a droga milagrosa,
Tanto melhor, leitor, deixe crescer,
Deixe a borra subir tumultuosa.

E... Pronto! Em guarda, os garfos aguçados,
A mesa do festim pode deitar,
Toque o zabumba, chame os convidados,
Está quentinho o esplêndido manjar!

(*Poesia completa*, 1978)

BASTOS TIGRE
(1882, RECIFE, PE — 1957, RIO DE JANEIRO, RJ)

Igualmente conhecido pelo pseudônimo D. Xiquote. Engenheiro formado, preferiu seguir carreira de publicitário, bibliotecário, teatrólogo e poeta que por mais de cinco décadas manteve no *Correio da Manhã* a coluna "Pingos e Respingos", na qual destilava um humor que o tornou um dos escritores mais famosos do seu tempo. Estreou em livro com *Saguão da posteridade* (1902), ao qual se seguiram dezenas de outros, em grande parte reunindo poemas satíricos, religiosos, cívicos ou infantojuvenis, tais como *Versos perversos* (1905), *Moinhos de vento* (1913), *Bolhas de sabão* (1919), *Brinquedos de Natal* (1925), *Parábolas de Cristo* (1927), *Carnaval* (1932), *Caixa de rimas* (1946), *Sol de inverno* (1955) e *Antologia poética* (1982). Com ironia e graça, seus poemas tratam de nossas frequentes mazelas, e aqui, especialmente, da burocracia do serviço público e dos áulicos de ocasião.

No Conselho Municipal

Subindo escadas, bancos e cadeiras,
Atira-se o pessoal à arrumação,
Arcas, gavetas, caixas, prateleiras,
Arranjadas, às pressas, todas são.

Andam por toda a parte as mãos ligeiras
Dos funcionários da repartição.
Grisalhas vão ficando as cabeleiras
Do trabalho e do pó da exumação.

Erguem-se agora, em pilha, os documentos
Que há três séculos, andando ao deus-dará,
De vinte gerações foram tormentos.

E é bem provável que se encontrem lá
Algumas notas de fornecimentos
Ao muito nobre e ilustre Mem de Sá!

Grupo dos Chaleiras

Festões, foguetes, músicas, bandeiras,
Salvas, discurso e ovações festivas;
Ei-lo que chega! É o "Grupo dos Chaleiras",
Explode em palmas e se expande em vivas.

Sucedem-se as legiões, as comitivas,
Juntas e ligas mil, alvissareiras,
Mostrando nas zumbaias sucessivas
As mais aristocráticas maneiras.

Segue o carro à Daumont. Mas não se iluda
Quem a avenida do poder percorre,
Entre o pessoal do tom e a arraia miúda;

Pois esta gente que a saudá-lo corre
É sempre a mesma gente que saúda
O sol que nasce e apupa o sol que morre.

FRANCISCO DAS CHAGAS BATISTA
(1882, TEIXEIRA, PB – 1930, JOÃO PESSOA, PB)

Cordelista, editor e antologista do gênero, considerado também um clássico da poesia popular como Leandro Gomes de Barros (de quem foi amigo), publicou centenas de folhetos, alguns muito famosos como *O enterro da justiça*, presente em antologias do cordel brasileiro. Um recado muito bem dado aos poderes instituídos de hoje e de sempre.

O enterro da justiça

No teatro deste mundo
Que vive numa babel,
Cada tipo que melhor
Queira mostrar seu papel,
Eu, que também sou ator,
Com o direito de escritor
– Que é minha profissão –
Minha pena fraca movo
Pra vender queixas ao povo
E dar minha opinião.

A justiça, meus senhores,
Era uma Deusa e vivia
No tempo em que todo povo
Cria na mitologia;
Os antigos a adoravam
O seu retrato pintavam
Com uma venda nos olhos...
Porém... quem nasceu vendada
Já cegou não vê mais nada
Caiu em fundos abrolhos!...

No tempo de Talião
Inda vivia a justiça,
Porém ela, nesse tempo,
Ainda era noviça;
Mas foram os dias correndo
E ela foi envelhecendo
Até que ficou caduca:
Muitos já não creem nela
E eu garanto que ela
É idiota, ou maluca!

Quando a justiça era viva
Perseguia ao assassino;
O homem que matasse outro
Teria um igual destino
Os que não fossem enforcados,
Seriam tão castigados

Que de exemplo serviriam;
Os ladrões, os malfeitores,
Os judas, os sedutores,
Impunes não ficariam.

Que os povos tinham direitos,
Isto era ontem, não hoje;
Que o fantasma da justiça
Com medo do crime foge;
E os grupos de criminosos,
Hoje são tão numerosos
Que assombram a humanidade!
Rouba-se publicamente,
E hoje matar-se gente
Já não é mais novidade!

Antigamente os larápios
Tinham o nome de ladrão;
Nunca um desses patifes
Deixou de sofrer prisão!
Um gatuno hoje é um *quenguista*,
Um ladrão é um artista,
Não rouba – dá um desfalque!
Se esse tipo encontra um cofre
O proprietário sofre
Porque é medonho o saque.

Predomina atualmente
A falsa Deusa política
Essa mulher desbriada
Que é sempre o alvo da crítica,
O político – homicida –
É qual vampiro que a vida
Sorve ao povo, gole a gole;
Quando um governo é mudado
O povo diz, enganado:
– Talvez este não me esfole...

Eu já vi um eleitor
Chaleirar três candidatos
Porque estes o cabalaram

Com promessas e aparatos;
Porém depois da eleição
Ele teve precisão,
E, com a cara mui feia,
Pediu um emprego aos chefes
Estes deram-lhe uns tabefes
E o botaram na cadeia!

Quem apanhar hoje em dia
É quem fica criminoso
Quando o que dá é mandado
Por um santo *milagroso*,
Se o infeliz que apanhar,
À polícia se queixar
Apanha a segunda vez,
E se não ficar calado,
Contrito e bem comportado
Vezes não apanha só três!...

O homem que matar outro,
Inda sendo pra roubar,
Não é preciso esconder-se
Porque é fácil se livrar;
Meta a mão na *bruaca*
E puxe meia pataca,
Compre quatro advogados
Estes, que são mui felizes,
A vintém comprem juízes
E a dez réis comprem jurados.

Quem tiver hoje uma casa
E a décima não pagar,
Nosso senhor – o governo –
Dela há de se apossar.
E ao ser o desgraçado
De sua casa expulsado,
Não sorria, fique sério,
Não faça nem cara feia,
Se não quer ir pra cadeia
Ou então pra o cemitério.

Diz o povo que o direito
Deve dar-se a quem o tem.
E eu digo que o povo
Por certo não pensa bem,
Pois, quem já tem não carece,
Deve dar-se a quem merece
O direito ou a razão!...
Embora eu caia no abismo,
Não me curvo ao despotismo,
Nem adoro ao Deus Milhão!

Paraíba, 1912.

(*folheto sem data*)

MÁRIO DE ANDRADE
(1893, SÃO PAULO, SP – 1945)

Contista, romancista, ensaísta, crítico literário e de arte, folclorista, correspondente contumaz, como defini-lo diante de uma obra tão vasta e multifária? Na poesia foi maior do que se costuma dizer e imaginar: estreou com *Há uma gota de sangue em cada poema* (1917), seguido por *Pauliceia desvairada* (1922), *Losango cáqui* (1926), *O clã do jabuti* (1927), *Remate de males* (1930), em parte reunidos em *Poesias completas* (1955). E aqui o temos em dois poemas quase sarcásticos.

O rebanho

Oh! Minhas alucinações!
Vi os deputados, chapéus altos,
Sob o pálio vesperal, feito de mangas-rosas,
Saírem de mãos dadas do Congresso...
Como um possesso num acesso em meus aplausos
Aos salvadores do meu estado amado!..

Desciam, inteligentes, de mãos dadas,
Entre o trepidar dos táxis vascolejantes,
A rua Marechal Deodoro...
Oh! Minhas alucinações!
Como um possesso num acesso em meus aplausos
Aos heróis do meu Estado amado!..

E as esperanças de ver tudo salvo!
Duas mil reformas, três projetos...
Emigraram os futuros noturnos...
E verde, verde, verde!...
Oh! minhas alucinações!
Mas os deputados chapéus altos,
Mudavam-se pouco a pouco em cabras!
Crescem-lhes os cornos, descem-lhes as
　　　[barbinhas...
E vi os chapéus altos do meu estado amado,
Com os triângulos de madeira no pescoço,
Nos verdes esperanças, sob as franjas de ouro da
　　　[tarde,
Se punham a pastar
Rente do palácio do senhor presidente...
Oh! minhas alucinações!

Ode ao burguês

Eu insulto o burguês! O burguês-níquel,
O burguês-burguês!
A digestão bem-feita de São Paulo!
O homem-curva! o homem-nádegas!
O homem que sendo francês, brasileiro, italiano,
É sempre um cauteloso pouco-a-pouco!
Eu insulto as aristocracias cautelosas!
Os barões lampeões! Os condes Joões!
          [Os duques zurros!
Que vivem dentro de muros sem pulos;
E gemem sangues de alguns mil-réis fracos
Para dizerem que as filhas da senhora falam o francês
E tocam os *Printemps* com as unhas!
Eu insulto o burguês-funesto!
O indigesto feijão com toucinho, dono
          [das tradições!
Fora os que algarismam os amanhãs!
Olha a vida dos nossos setembros!
Fará sol? Choverá? Arlequinal!
Mas à chuva dos rosais
O êxtase fará sempre Sol!
Morte à gordura!
Morte às adiposidades cerebrais!
Morte ao burguês-mensal!
Ao burguês-cinema! Ao burguês-tílburi!
Padaria Suíça! Morte viva ao Adriano!
– Ai, filha, que te darei pelos teus anos?
– Um colar... – Conto e quinhentos!!!
Más nós morremos de fome!

Come! Come-te a ti mesmo, oh! gelatina pasma!
Oh! *purée* de batatas morais!
Oh! cabelos nas ventas! oh! carecas!
Ódio aos temperamentos regulares
Ódio aos relógios musculares! Morte e infâmia!
Ódio à soma! Ódio aos secos e molhados!
Ódio aos sem desfalecimentos nem
         [arrependimentos,
Sempiternamente as mesmices convencionais!
De mãos nas costas! Marco eu o compasso! Eia!
Dois a dois! Primeira posição! Marcha!
Todos para a Central do meu rancor inebriante

Ódio e insulto! Ódio e raiva! Ódio e mais ódio!
Morte ao burguês de giolhos,
Cheirando religião e que não crê em Deus!
Ódio vermelho! Ódio fecundo! Ódio cíclico!
Ódio fundamento, sem perdão!

Fora! Fu! Fora o bom burguês!...

(*Pauliceia desvairada*, 1922)

RUBEM BRAGA
(1913, CACHOEIRO DE ITAPEMIRIM, ES – 1990, RIO DE JANEIRO, RJ)

Cronista, jornalista e tradutor, integrou em 1946 a *Antologia de poetas brasileiros bissextos contemporâneos*, de Manuel Bandeira, e bem mais tarde publicou um único livro de poemas, *Livro de versos* (1980), sem nunca deixar de ser um poeta autêntico, dos mais prolíficos, principalmente nas centenas, milhares de crônicas que publicou na imprensa e que, eventualmente, selecionou e reuniu em livros.

Ode aos calhordas

Os calhordas são casados com damas gordas
Que às vezes se entregam à benemerência:
As damas dos calhordas chamam-se calhôrdas
E cumprem seu dever com muita eficiência

Os filhos dos calhordas vivem muito bem
E fazem tolices que são perdoadas.
Quanto aos calhordas pessoalmente porém
Não fazem tolices – nunca fazem nada.
Quando um calhorda se dirige a mim
Sinto no seu olho certa complacência.
Ele acha que o pobre e o remediado
Devem procurar viver com decência.

Os calhordas às vezes ficam resfriados
E essa notícia logo vem nos jornais:
"O Sr. Calhorda acha-se acamado
E as lamentações da Pátria são gerais."

Os calhordas não morrem – não morrem jamais
Reservam o bronze para futuros bustos
Que outros calhordas da nova geração
Hão de inaugurar em meio de arbustos.

O calhorda diz: "Eu pessoalmente
Acho que as coisas não vão indo bem
Pois há muita gente má e despeitada
Que não está contente com aquilo que tem."

Os calhordas recebem muitos telegramas
E manifestações de alegres escolares
Que por este meio vão se acalhordando
E amanhã serão calhordas exemplares.

Os calhordas sorriem ao Banco e ao Poder
E são recebidos pelas Embaixadas.
Gostam muito de missas de ação de graças
E às sextas-feiras comem peixadas.

1953

(*Livro de versos*, 1980)

LÊDO IVO
(1924, MACEIÓ, AL – 2012, SEVILHA, ESPANHA)

Também ficcionista, cronista, ensaísta e tradutor, publicou extensa obra poética, desde *As imaginações* (1944), ao qual se seguiram *Ode e elegia* (1945), *Linguagem* (1951), *Magias* (1960), *Finisterra* (1972), *Calabar* (1985), *O soldado raso* (1988), *Crepúsculo civil* (1990), *Poesia completa* (2004), *Réquiem* (2008) etc. Primordialmente um poeta lírico e elegíaco, nunca deixou de ser mordaz quando a ocasião exigia.

Canção inconveniente

Falo pelos que não falam.
Grito pelas bocas mudas.
Estou além da mortalha,
da mentira e da mordaça.

Sou a palavra de todos,
o som que incomoda os surdos,
(o sangue mais escondido
por toda parte se espalha).

Sou a testemunha incômoda
que vê as coisas ocultas
atrás de qualquer muralha.

Canto pelos que não sabem
que a mais simples das canções
é um campo de batalha.

A democracia dos polemistas

Coisa amarela, vai-vem
que não vem nem vai
a polêmica nivela.
Não entre nela.

Por que me ufano do meu país

Com seu fervor cívico
diz um proprietário:
"Minha pátria é o meu patrimônio.
E dela me ufano."

(*O soldado raso*, 1988)

LAÍS CORRÊA DE ARAÚJO
(1927, CAMPO BELO, MG – 2006, BELO HORIZONTE, MG)

Ensaísta, tradutora, cronista, professora de literatura. Estreou com *Caderno de poesia* (1951), seguido de *O signo e outros poemas* (1955), *Cantochão* (1967), *Decurso de prazo* (1988), *Pé de página* (1995) e *Clips* (2000), todos reunidos em *Inventário: 1951/2002* (2004), volume que inclui poemas inéditos.

Abecedardo

abadia da adesão
    no ágape da arma

babel de baba
    do bacharel da balada

cone da cobiça
    no comando da coleta

decano do dano
    no dever da devassa

êmulo do empório
    no edital do emprego

fábrica de fátuos
    na facção dos fâmulos

gozo do gordo
    na garupa da gana

hálito do hábil
    na hasta da honra

idílio do idôneo
    ao ídolo idoso

jato jaculatório
    no jogo de judas

labor do latido
    no lápis do lacaio

malta mineira
    no mandado da marcha

néctar e narcótico
    da nobreza do neutro

óbolo do ópio
    ao ônus do opresso

parceria da pândega
    no pasto da pátria

quisto de quasímodo
    no quilombo do quartel

rábula do rebanho
    na rapina da razão

sócio do salário
    no sarau do sangue

talismã do tóxico
    na técnica do tanque

uso de usufruto
    do ungido ubíquo

virtude da vindita
    no vômito da violência

xenomania do xerife
    no xeque do xadrez

zelo do zebu
    na zoada do zero

(*Cantochão*, 1967)

No governo

"A seara é grande
mas os lavradores são poucos"

Os gafanhotos são muitos.

(*Pé de página*, 1995)

CARLOS DE ASSUMPÇÃO
(1927, TIETÊ, SP)

Poeta e professor, publicou, entre outros livros, *Protesto* (1982), *Quilombo* (2000) e as antologias *Protesto e outros poemas* (2015) e *Não pararei de gritar: poemas reunidos* (2020), organização de Alberto Pucheu. Na afirmação de Pucheu, não é à toa que seu "poema mais conhecido intitula-se 'Protesto', e a palavra mais repetida em seus poemas é 'grito'."

500 anos

Para Ivani L. Marchesi de Oliveira

Não embarcamos no oba-oba
Não vamos por essa rota
Meu irmão negro não
Meu irmão índio não
Meu irmão branco pobre
também não
Não somos idiotas
Estamos cansados
de carregar quinhentos anos
de opressão nas costas

Esta data pra nós
é apenas um marco de luta
por um Brasil de cara nova
por um Brasil que a si mesmo se assuma
por um Brasil de cara nossa
em que haja sol pra todo mundo

História

No ano de um mil
oitocentos e oitenta e oito
foi feita uma lei de ouro
que acabava com a escravidão
depois se verificou
que foi engano
o ouro era falso
e o negro entrou pelo cano

(*Protesto e outros poemas*, 2015)

Racismo à brasileira

Para Heraldo Pereira

Brasilino por favor
Brasilino anote aí
Que aqui tem racismo sim
Que o racismo que há aqui
É racismo inusitado
É racismo sem racista
Racismo que não tem cara
Que age sempre atrás do pano
Que é difícil combater
Mas também anote aí
Que já tá chegando o dia
Em que a gente vai vencer

(Franca/ São Paulo, 30 de junho de 2021)
(inédito)

AFFONSO ÁVILA
(1928, BELO HORIZONTE, MG – 2012)

Poeta e ensaísta, estreou com *O açude e Sonetos da descoberta* (1953) e a seguir publicou *Carta do solo* (1961), *Código de Minas e poesia anterior* (1969), *Discurso da difamação do poeta* (1978), *Masturbações* (1980), *O visto e o imaginado* (1990), *A lógica do erro* (2002), *Homem ao termo: poesia reunida* (2008), *Égloga da maçã* (2012) etc. Os poemas de *Código de Minas* têm uma riqueza de perspectiva que é bem o retrato desse *mundominas* que vem lá de longe, desde o Gonzaga/Critilo das *Cartas chilenas*.

Frases-Feitas

"...uma família de espíritos finos e medidos, cujo maior defeito estaria em certa propensão para rebuscar, ora a frase, ora o conceito."
Antonio Candido (*Literatura caligráfica*)

façamos a revolução
antes que o povo a faça
antes que o povo à praça
antes que o povo a massa
antes que o povo a raça
antes que o povo: A FARSA

o senso grave da ordem
o censo grávido da ordem
o incenso e o gáudio da ordem
a infensa greve da ordem
a imensa grade DA ORDEM

terra do lume e do pão
terra do lucro e do não
terra do luxo e do não
terra do urso e do não
terra da usura e DO NÃO

mais da lei que dos homens
mais da grei que os come
mais do dê que do tome
mais do rei que do nome
mais da rês que DA FOME

num peito de ferro
é um coração de ouro
é o quorum a ação do ouro
é o coro a ação do ouro
é a cor a ópio-ação do ouro
é a gorda nação DO OURO

modesto como convém
austero como é do gosto

aufere como é do gosto
ao ferro como é do gosto
ar estéril como é do gosto
austero e comendo A GOSTO

solidário só no câncer
solidário só no câmbio
solidário só na canga
solidário só na campa
solidário só NA CAMA

aos inimigos bordoada
aos amigos marmelada
aos contíguos marmelada
aos conspícuos marmelada
aos ambíguos marmelada

o crime é não vencer
o crime é não vender
o crime é não vir a ser
o crime é não virar cedo
o crime é o NÃO VEZES CEM

libertas quae sera tamen
liberto é o ser que come
livre terra ao sertanejo
livro aberto será a trama
LIBERTO QUE SERÁ O HOMEM

Constelação das grandes famílias

"A história política de Minas é, pois, num largo sentido, a história de suas grandes famílias que fazem o jogo da cena política desde a Colônia. (...)
Formou-se, dessa forma, no tempo uma verdadeira cadeia de *círculos familiares*, ou parentelas, cujos membros ora se sucedem nas tarefas da chefia política e regional, ora se alternam. É a constelação governamental de Minas Gerais."
Cid Rebello Horta (*Famílias governamentais de Minas Gerais*)

Jogo de cena

1720
    o pai com a febre no pântano
    o filho conferindo o ganho
    o neto com Felipe dos Santos
       (*pai rouba*
       filho come
       neto passa fome)

1789
    O pai na intendência
    o filho na insolvência
    o neto na inconfidência
       (*pai rouba*
       filho come
       neto passa fome)

1842
    o pai na regência
    o filho no regresso
    o neto na revolução
       (*pai rouba*
       filho come
       neto passa fome)

1888
    o pai comprando escravos
    o filho contra os escravos
    o neto com os escravos
       (*pai rouba*
       filho come
       neto passa fome)

1930
    o pai conservador
    o filho contemporizador
    o neto conspirador
       (*pai rouba*
       filho come
       neto passa fome)

...
    o pai no PA
    o filho no PB
    o neto no PC
        (*pai rouba*
        filho come
        neto passa fome)

Círculos familiares

o sogro na situação
o consogro na oposição
o genro na coligação
    (*na prebenda a parentela*)

o irmão na câmara federal
o cunhado na câmara estadual
o concunhado na câmara municipal
    (*no cartório a parentela*)

o tio no senado
o primo na cni
o primirmão na cemig
    (*no negócio a parentela*)

o marido na presidência
o filho na previdência
o sobrinho na prefeitura
    (*na embaixada a parentela*)

o padrasto governador-do-estado
o enteado ministro-de-estado
o meioirmão secretário-de-estado
    (*na empreitada a parentela*)

o avô na reação
o pai na corrupção
o neto na subversão
    (*par-a-par a parentela*)

Carta sobre a usura
(1961-1962)

> "Daqui vem que o mandar-lhes Deus que não levassem usuras uns aos outros."
> Tomás Antônio Gonzaga (*Carta sobre a usura*)

O Onzenário

A usura gera
  de seu ovo
  (*homem solércia
  pele solércia
  urso solércia
  fome solércia
  uso solércia*)

A usura cresce
  de seus embriões
  (*no homem calvície
  na pele calvície
  no urso calvície
  na fome calvície
  no uso calvície*)

A usura veste
  de seu tecido
  (*de homem e ornato
  de pele e ornato
  de urso e ornato
  de fome e ornato
  de uso e ornato*)

A usura come
  de seu fruto
  (*onde o homem usurpa
  onde a pele usurpa
  onde o urso usurpa
  onde a fome usurpa
  onde o uso usurpa*)

A usura move
   de seus pés
   (com seu homem
   com sua pele
   com seu urso
   com sua fome
   com seu uso)

Usura
.ʻ. homem solércia
   na pele calvície
   de urso e ornato
   onde a fome usurpa
   com seu uso
          .ʻ. usura

Genealogia dos Bancos

O ouro ceva
   suas crias de ouro:
   a ganância no feno
   a ganância no cocho
   a ganância no peito
   com suas tetas de ouro

o ouro monta
   seus jumentos de ouro:
   o sequestro nas patas
   o sequestro no dorso
   o sequestro na cauda
   com seu estrume de ouro

o ouro funda
   seu edifício de ouro:
   a firmeza no risco
   a firmeza no forro
   a firmeza no piso
   com seus alçapões de ouro

o ouro implanta
    sua indústria de ouro:
    o artifício na faina
    o artifício no torno
    o artifício na máquina
    com suas peças de ouro

O ouro vela
    suas tulhas de ouro:
    a cautela no porte
    a cautela no bolso
    a cautela no cofre
    com seus ferrolhos de ouro

O ouro adestra
    seus serviçais de ouro:
    a perícia no cálculo
    a perícia no logro
    a perícia nos ágios
    com suas cifras de ouro

O ouro fala
    sua língua de ouro:
    o código na frase
    o código no som
    o código na fraude
    com suas letras de ouro

O ouro lança
    suas cartas de ouro:
    o ludíbrio no naipe
    o ludíbrio no jogo
    o ludíbrio no encarte
    com seus rateios de ouro

Elaboração da Fome

A boca e seus silêncios
  (*de fome*)
    onde a pedra e sua inércia
      a inércia e sua ferrugem
      a ferrugem e suas heras
      as heras e sua pedra

A boca e seus silêncios
  (*de fome*)
    onde o vazio e sua míngua
      a míngua e seu grão
      o grão e sua lagarta
      a lagarta e seu vazio

A boca e seus silêncios
  (*de fome*)
    onde o jejum e seu assédio
      o assédio e sua língua
      a língua e sua memória
      a memória e seu jejum

A boca e seus silêncios
  (*de fome*)
    onde as moscas e sua dispensa
      a dispensa e seus armários
      os armários e seu sobejo
      o sobejo e suas moscas

a boca e seus silêncios
  (*de fome*)
    onde a luxúria e sua mesa
      a mesa e seus pratos
      os pratos e sua ostra
      a ostra e sua luxúria

a boca e seus silêncios
   (*de fome*)
     onde a gula e seu reverso
          o reverso e seu metal
          o metal e seu garfo
          o garfo e sua gula

a boca e seus silêncios
   (*de fome*)
     onde o suborno e seu preço
          o preço e seu ajuste
          o ajuste e seus comparsas
          os comparsas e seu suborno

A boca e seus silêncios
   (*de fome*)
     onde a usura e seu rastro
          o rastro e suas patas
          as patas e seu urso
          o urso e sua usura

Eleição do Usurário

O urso coroa-se
   de sua lisonja
   (*os áulicos escrevem seus jornais*)

O urso coroa-se
   de seu unguento
   (*os áulicos pregam sua falácia*)

O urso coroa-se
   de seu incenso
   (*os áulicos entoam seus coros*)

O urso coroa-se
   de sua peçonha
   (*os áulicos conspiram seus sufrágios*)

O urso coroa-se
    de suas esponjas
      (*os áulicos decidem sua sanção*)

O urso coroa-se
    de seu umbigo
      (*os áulicos fiam sua casaca*)

O urso coroa-se
    de sua giba
      (*os áulicos aprestam suas mulheres*)

O urso coroa-se
    de sua calvície
      (*os áulicos guarnecem seu palácio*)

O urso coroa-se
    de seu ouro
      (*os áulicos servem seu banquete*)

O urso coroa-se
    de sua usura
      (*os áulicos recolhem suas espórtulas*)

(*Código de Minas e poesia anterior*, 1969)

FRANCISCO BITTENCOURT
(1933, ITAQUI, RS – 1997, PORTO ALEGRE, RS)

Crítico de arte, tradutor, ficcionista, dramaturgo e poeta de *Vinho para nós* (1952), *Jaula aberta* (1957), *Pequenos deuses* (1995), *A vida inédita* (1996) e *Aquela mulher* (1996), é sua a clássica tradução para o português do romance de Zola, *Germinal*. Seus ensaios e artigos sobre artes plásticas em parte foram reunidos em *Arte-dinamite* (2016, organização de Aristóteles Angheben Predebon e Fernanda Lopes). Nestes poemas, sua veia humorística é a do provocador, aquele que tudo faz para "enfurecer a guarda".

Um emprego

Arranjei enfim trabalho.
Lavo pauzinhos de picolé
que crianças recolhem na rua
para serem reaproveitados.
Capricho
e o dono da fábrica disse que é escassa
a mão de obra qualificada nesse campo.

Sendero Luminoso

Quando decidiram me fuzilar,
tive de ir descalço para o local da execução.
No caminho de cascalho,
andava aos saltos, senti cócegas
e ri, enfurecendo a guarda.
Não era comportamento para um passeio derradeiro.

(*A vida inédita*, 1996)

WALMIR AYALA
(1933, PORTO ALEGRE, RS – 1991, RIO DE JANEIRO, RJ)

Ficcionista, dramaturgo, memorialista, crítico de arte e de teatro, autor de literatura infantojuvenil e tradutor, a poesia foi o fio condutor de todas as suas atividades. Publicou, entre outros livros de poemas, *O edifício e o verbo* (1961), *Cantata* (1966), *Poemas da paixão* (1967), *Poesia revisada* (1972), *A pedra iluminada* (1976), *Estado de choque* (1980), *Águas como espadas* (1983) e *Os reinos e as vestes* (1986). Póstumos são *A viagem* (2011), *Caderno de pintura* (2014) e *Poemas do surf* (2019). Para os dois poemas selecionados, inéditos em livro, cabem as palavras de Rubem Braga por ocasião do lançamento de *Estado de choque*: "Walmir aplica a ironia e o lirismo dele nos temas da atualidade (...) faz, ao mesmo tempo, poesia e crônica, da melhor maneira."

Ode à censura

Censuremos a pornografia da fome,
do desemprego,
da indústria da educação,
da propaganda mentirosa.

A pornografia da violência policial,
da tortura,
das máscaras pré-eleitorais,
dos aumentos do leite e do pão.

A pornografia da irrealidade dos salários do povo
e da irrealidade dos salários dos que decidem
                             [o mesquinho
salário do povo.

A pornografia da falta de solidariedade,
da demagogia com pés de lã,
da corrupção oficializada,
do pseudomoralismo despistador.

A pornografia dos linchamentos,
da lentidão da justiça,
do olho vesgo da justiça,
do pedestal vazio da própria justiça.

A pornografia da justiça que se quer feita pelas
                             [próprias mãos.
A pornografia do medo, da insegurança,
das comissões que justificam o crime,
do variado preço da "cerveja"
com que se amansa o gato da fiscalização.

A pornografia do símbolo do leão
como carrasco dos que se equilibram perigosamente
na rede milionária dos impostos.

A pornografia da fábrica de mortos,
ou das mortes cinicamente adiadas
nos institutos da previdência social.

A pornografia das ricas reservas de ouro,
minério e petróleo,
caracterizando um país rico infestado de miséria.

Censuremos todas estas pornografias que
                        [nos aviltam
não a ingênua pornografia que pelos olhos ou pela
                                [imaginação
monta sua máquina monótona
no espaço supérfluo do nosso sonho.

(*Correio do Povo/Letras & Livros*, 22 de maio de 1982)

Elegia para Chico Mendes

Olhemos sob o vidro do ataúde
o rosto de Chico Mendes;
olhemos pela última vez o rosto
de um homem forte
numa hora de fracos;
olhemos o desenho da coragem
em traços muito comuns;
olhemos o que não está visível,
a alma transparente de Chico Mendes
iluminada de um amor transcendente.

Os jacarés, os tucanos, os bichos menores
e insignificantes que fazem a vida
dos charcos e das selvas,
acompanham a trajetória de Chico Mendes,
hoje confundida com o verde e o luar,
com as águas e os igarapés,
com os falsos índios turísticos
e os grandes índios sobreviventes,
com todo este luxo
cotidianamente pisoteado.

Aquele grito que corta o azul
é de arara ou macaco?
Ou será a alma nativa

que saúda a passagem de Chico Mendes
sem saber que perdeu seu grande soldado?

Aos poucos dilapidam nossa glória,
nos empobrecem na dignidade,
nos cortam as mãos e a esperança.

Mas nós olhamos sob o vidro do ataúde
o rosto de Chico Mendes, pela última vez,
sabendo que do sangue derramado se multiplica
o sangue iluminado e que,
neste momento em que a morte abraça a imagem
imortal de Chico Mendes,
muitos como ele abrem os olhos
no limiar do mesmo sonho.

Brota da morte de Chico Mendes
um estendal de sangue, rosas, gestos,
corações embalados de lágrimas que
ardem renovados.
Eles consomem e redistribuem
o sangue de Chico Mendes
em comunhão de resistência.

(inédito)

ORLANDO TEJO
(1935, CAMPINA GRANDE, PB – 2018, RECIFE, PE)

Ensaísta, jornalista, advogado e professor. Seu livro mais conhecido, *Zé Limeira, poeta do absurdo* (1973), é considerado por muitos uma obra-prima. Para Carlos Newton Júnior, que foi seu amigo, Tejo é poeta que transitou com igual talento entre o popular e o erudito. Na seara do protesto, publicou *As noites do Alvorada: via crucis do caboclo misterioso* (1997). Sua poesia permanece em grande parte dispersa e ainda desconhecida, como muita coisa boa deste país baldio...

O meu país

Um país que crianças elimina,
Que não ouve o clamor dos esquecidos,
Onde nunca os humildes são ouvidos
E uma elite sem Deus é quem domina;
Que permite um estupro em cada esquina
E a certeza da dúvida infeliz;
Onde quem tem razão baixa a cerviz
E massacram-se o negro e a mulher,
Pode ser o País de quem quiser,
Mas não é, com certeza, o meu País!

Um país onde as leis são descartáveis
Por ausência de códigos corretos,
Com quarenta milhões de analfabetos
E maior multidão de miseráveis;
Um país onde os homens confiáveis
Não têm vez, não têm voz nem diretriz,
Mas corruptos têm vez e voz e bis
E o respaldo de estímulo incomum,
Pode ser o país de qualquer um,
Mas não é, com certeza, o meu País!

Um país que perdeu a identidade,
Sepultou o idioma português
E aprendeu a falar pornofonês
Aderindo à global vulgaridade;
Um país que não tem capacidade
De saber o que pensa e o que diz,
Que não pode esconder a cicatriz
De seu Povo de bem que vive mal,
Pode ser o país do carnaval,
Mas não é, com certeza, o meu País!

Um país que seus índios discrimina
E a Ciência e as Artes não respeita,
Um país que inda morre de maleita
Por atraso geral da medicina;
Um país onde escola não ensina
E hospital não dispõe de Raio-X,

Onde a gente dos morros é feliz
Se tem água de chuva e luz do sol,
Pode ser o país do futebol,
Mas não é, com certeza, o meu País!

Um país que é doente e não se cura,
Triunfal candidato ao quinto mundo,
Que do poço fatal chegou ao fundo
Sem saber emergir na noite escura;
Um país que engoliu a compostura
Atendendo a políticos sutis
Que dividem o Brasil em mil brasis
Pra melhor assaltar de ponta a ponta,
Pode ser o país do faz de conta,
Mas não é, com certeza, o meu País!

Um país que dizima sua flora
Ensejando o avanço do deserto,
Pois não salva o riacho descoberto
Que no leito precário se estertora;
Um país que cantou e hoje chora
Pelo bico do último concriz,
Que florestas destrói pela raiz
E a grileiros de fora entrega o chão,
Pode ser que inda seja uma nação,
Mas não é, com certeza, o meu País!

(*As noites do Alvorada*, 1997)

MAFRA CARBONIERI
(1935, BOTUCATU, SP)

Ficcionista, autor de literatura infantojuvenil, professor e poeta com diversos livros publicados: *O canto furtivo* (1970), *Cantoria de Conrado Honório* (1998), *A lira de Orso Cremonesi* (2001) e, entre outros, *Diálogos e sermões de Frei Eusébio do Amor Perfeito* (2013), do qual saíram estes excelentes "sermões" e uma ode aos patriotas de ocasião.

Múltiplo sermão

O medo pinta o rosto de vermelho.
O medo. Ou a culpa. Ou a vergonha.
Está faltando tinta no Congresso.
Eu nada peço. E sempre de joelhos
(nas lajes desta cela ou desta cruz),
persigo a consciência no espelho.
Eu, frei Eusébio do Amor Perfeito.

Não sou pornógrafo. Acho que não sou.
Porém, que água lava tal estábulo?
Não tremais, frei Ambrósio do Pavor
Sagrado. Não estamos no Senado.

Isto é a capela. Isto é o parlatório.
O cantochão comove o nosso hábito.
Eu leio da Compadecida o Auto.
Eu, frei Anselmo do Silêncio Cauto.

Abençoado o vento da campina
        (uns vendem gado sem dar nome aos bois)
e o som do órgão no jardim fechado
        (uns vendem bois sem saber do gado).
Lavagem ou batismo de dinheiro?

Por isso tudo eu me recolho ao espanto.
Eu, frei Perpétuo do Castigo Santo.
Abro a porta do averno caudaloso
Eu, frei Severo do Clamor Doloso.

Transformo a minha ira em lira e hino.
Eu, frei Demétrio do Fervor Divino.

Forro meu chão com livros de direito.
Talvez eu ore. Ou talvez eu chore.
Revejo lobos com pele de lobos
durante a homilia dos cordeiros.

O medo. Ou a culpa. Ou a vergonha.
Tudo se esconde no alheio leito.
Deixo o mosteiro e vou para Congonhas.
Eu, frei Eusébio do Amor Perfeito.

Sermão da amarga renúncia

Os políticos vicejam acima de qualquer vergonha.
Bradford Williams

Ouvir os oradores da renúncia:
eles estalam de dores e argúcia:
mastigam santidade e inocência:
lágrimas na pronúncia: cinza na idade.

Ratos eleitos pelos roedores.

Só uso o meu perdão com o sal da terra:
os crentes com o mandato da miséria.

As hordas de doutores e calhordas
ou hostes de lacaios e prebostes
merecem postes. Nada mais que postes:
estacas do fogo e do óleo ardente.

Eleitos, soberanamente eleitos.
Empreiteiros do vazio e do oco.
Dementes. Quero que suportem o soco
de frei Eusébio do Amor Perfeito.

Notas para o sermão do dinheiro

Quem dinheiro tiver pode ser Papa.
Gregório de Matos

Dinheiro do falo. Dinheiro do halo.
Dinheiro do calo. Dinheiro da lei.

Dinheiro do asno. Dinheiro do pasmo.
Dinheiro do ralo. E receberei.

Dinheiro na roupa. Dinheiro na touca.
Dinheiro na mala. Dinheiro no armário.

Dinheiro no aquário. Dinheiro na sala.
Dinheiro da grei. E receberei.

Dinheiro do nada. Também da manada.

Dinheiro do banho. Também do rebanho.

Dinheiro no forno. Dinheiro do corno.
Dinheiro. Decoro. E decorarei.

Dinheiro no tanque. Também no palanque.
Dinheiro do céu. Também no chapéu.

Dinheiro. Dinheiro. Dinheiro. Dinheiro.
Dinheiro do rei. E receberei.

Sagração do nada

Se o demônio aparecer
      pela frente ou por trás,
erguei o crucifixo acima da cabeça.
Gritai:
      "Retrocedei, Satanás.
Como ousais ofender a abadessa?"
Afinal, Lúcifer teme não só o crucifixo,
também a segunda pessoa do plural."
      Frei Laudelino do Cio Pio

Ode
aos gênios
(e ao demônio ferino)
por terem aberto o limbo aos abstêmios
e apontado um destino
    aos que nasceram mortos.

Ode
aos paladinos
(e ao fauno cipriota)
por terem descoberto a abadia
e escolhido uma bacia
    aos ladinos e aos patriotas.

(*Diálogos e sermões de Frei Eusébio do Amor Perfeito*, 2013)

ASTRID CABRAL
(1936, MANAUS, AM)

Cronista, tradutora, ensaísta, estreou com um livro de contos – *Alameda* (1963) –, mas foi na poesia que se revelou com mais intensidade e constância: *Ponto de cruz* (1979), *Torna-viagem* (1981), *Visgo da terra* (1986), *Rês desgarrada* (1994), *De déu em déu: poemas reunidos* (1998), *Intramuros* (1998), *Jaula* (2006), *Ante-sala* (2007), *Antologia pessoal* (2008), *Palavra na berlinda* (2011), *Infância em franjas* (2014) e *Íntima fuligem* (2017). E aqui a temos, como afirmou Fausto Cunha, na sua "fala muito pessoal e sua temática às vezes crua e irônica".

Descoberta das Américas

No Primeiro Mundo
a lírica descoberta:
o meu primeiro mundo
é o Terceiro Mundo.

Voz no exílio

Saudade de paisagem
com palmeira vasculhando o céu
vento rasgando bananeira
papagaios de papel
no anil entornado da tarde.

Meu país,
o lirismo não me deixe cega,
oh terra que me faz feliz/infeliz
tão farta que estou
de tantos falsos aristocratas
e mendigos tão reais.

Meu país,
a saudade não me deixe mentir,
oh terra onde vivo dividida
entre paixões e compaixões.
Oh terrível gangorra
de orgulho e vergonha!

Amoródio verdeamarelo

Amo os homens do povo
os que servem a pátria
domando os touros
da revolta e da fome
mulheres cujos ventres
enfunados de esperança
seguem desafiando a morte.

Odeio os poderosos
com seus corações apátridas
engordando rebanhos
em pastos roubados
as cúpidas panças
recheadas por lucros
de espúrias alianças.

Anticanção do exílio

Se fosse pela razão
não voltava não.
Mas é que sou movida
a gás de emoção.

Aqui o trabalho vale.
A mão poderosa toca
a rica realidade.

Lá, vive-se de projetos:
A mão impotente
não alcança os objetos.

Se fosse pela razão
não voltava não.
Mas é que sou movida
a gás de emoção.

(*Rês desgarrada*, 1994)

MYRIAM FRAGA
(1937, SALVADOR, BA – 2016)

Ensaísta, cronista, biógrafa, escreveu poesia de altíssima qualidade ainda negligenciada por críticos e historiadores, injustiça que precisamos corrigir. Estreou com *Marinhas* (1964), seguido de *Sesmaria* (1969), *Livro dos Adynata* (1975), *O risco na pele* (1979), *As purificações ou o sinal de Talião* (1981), *Os deuses lares* (1992), *Femina* (1996) e, entre outros, *Poesia reunida* (2008).

A maldição do bispo

Semeando
Fortalezas,
Traz o escuro
No gibão.

As muralhas
Que semeia
Muito cedo
Cairão.

Por castigo
Deste tempo
Corrompido,

Dividido
Entre a espada
E a oração.

O império

Tão forte é o império!
O dedo do rei vai longe no mar...

Colunas de ouro sustentam o trono,
E o rei, que é seu dono,
Assopra no mapa,
Separa o que falta
E o que ainda lhe devem.

Tão grande é o império!...

Pisa o rei o mapa,
Seus tacões de prata
Cobrem terra e mar.

– Quem ousa violar
As minhas fronteiras
E o poder de Deus
Que o Papa me dá?

Pisa o rei o mapa,
Veleiros de prata
Cospem cinza e chumbo
E atravessam o mundo
Para confirmar,

Colunas de ouro
Que sustentam o trono
Onde o rei se assenta
E divide o mundo:

Rei, senhor e dono.

(*Poesia reunida*, 2008)

FAUSTO WOLFF
(1940, SANTO ÂNGELO, RS – 2008, RIO DE JANEIRO, RJ)

Pseudônimo de Faustin von Wolffenbüttel. Contista e autor de literatura infantojuvenil, romancista de raro fôlego, foi poeta bissexto, mas com obra até certo ponto numerosa no gênero: *Cem poemas de amor e uma canção despreocupada* (2000), *O pacto de Wolffenbüttel e a recriação do homem* (2001) e *Gaiteiro velho* (2003).

A recriação do homem

I

Digo para a minha filhinha:
Aquele senhor bem-vestido
Dentro do Mercedes cinza,
Ao lado da moça loura
Só hoje, com muita calma
Assassinou mais de
Quinhentas crianças,
Exterminou mais de
Trezentos velhinhos,
Levou ao suicídio
Cinquenta pais de família.
Isso, pela manhã.
À tarde prostituiu mais de
Duzentas mocinhas,
Transformou em criminosos
Quatrocentos operários;
Expulsou de suas terras
Quase mil agricultores.
Antes de encerrar o expediente
Deu entrevista coletiva,
Enfatizando a necessidade
De moralizar o país.

Aquele senhor elegante,
Barriga proeminente
E sorriso irresponsável
Para fazer tudo isso
Ganha um alto salário
Pago por todos nós.
É o nosso representante
No Congresso Nacional.
Não tem alma
Nem escrúpulos,
Não sabe o que é caráter,
Nunca derramou
Uma lágrima.
Esse monstro nós criamos

Em nome da democracia
Para nos tiranizar.
Esta é a triste tradição
Da nossa tribo
Que ama os seus algozes.
Castigo de um Deus Comediante
Que nos deu como modelo
Justamente o opressor,
Aquele filho da puta
Que todos almejam ser.

Matá-lo de nada adianta,
Pois tem filhos, netos, capangas
Que depois de se vingarem
Seu trabalho continuarão.
– Que pesadelo terrível,
Este que estás contando –
exclama a minha filhinha.
Os porcos comandam o mundo
E não há nada a fazer
Senão ganhar um diploma e
E em porcos nos transformarmos.

Aquela água clarinha,
Do lago cor de cristal,
Ninguém quer,
Para nada presta.
É o lugar onde o sistema
Põe os loucos para delirar.
O sonho da liberdade
Custa a alma e causa dor.
Transforma o poeta socialista
Num porquinho ditador.

II

É claro que gostávamos dele.
Era um homem pobre, humilde, ofendido e
    maltratado
Como nós.
Era também corajoso e humano,

Muito humano, talvez humano demais.
Ficava com raiva, se comovia e chorava.
Mas o Livro não registra o seu riso.
Naquela época como hoje,
Não havia motivos para rir.

Há dois mil anos que gostamos dele
Porque fomos nós, os pobres, que o
    inventamos.
Não aguentávamos mais a tirania do Pai,
Do Pai aliado dos tiranos governantes,
Dono de uma religião contra a nossa
    independência;
Religião que nos mantinha de joelhos
Diante do algoz.

Não queríamos uma religião
Que só servia de consolo
Para as impostas privações.
Não queríamos uma religião
Que nos fazia aceitar com naturalidade
A nossa miséria.
Não queríamos uma religião
Que aliviava a culpa dos poderosos.

(Vivíamos num grande Nordeste chamado
Judeia, famintos e desesperados, sob as patas
Dos cavalos do FMI do Império Romano.)

Gostávamos dele porque era filho
De uma bela adolescente virgem
E de um honesto carpinteiro de mãos calosas
Como as nossas.
Além disso,
Havia nascido numa manjedoura.
Contava fábulas lindas sobre uma vida melhor
Para todos nós.
Havia amor e comunismo entre nós que
    dividíamos
O pão, a lágrima, a esperança e o riso
    eventual.

Mas cedo os ricos e poderosos
Descobriram as vantagens da nossa religião.
Prenderam nosso deus simples e humano
E o trancaram num palácio.
Cobriram-no de joias
E o afastaram de nós.
Fizeram dele um sócio-mercador.
Quando alguém da nossa tribo ousava
    reclamar,
O Poder explicava:
"Se ele que é Deus foi crucificado,
Por que tu, mísero mortal,
Não queres sofrer aqui na terra
Quando sabes de antemão
Que terás toda A felicidade no céu?"

Protegidos pelas armas,
Como falavam bem os nossos tiranos!
E nós continuamos a agradecer aos senhores
Que por mais de dois mil anos nos obrigam a
    conviver
Com a fome, o desemprego, a peste, a
    miséria,
A brutalidade, a humilhação e o salário
    mínimo.

Dizem que um dia ele voltará.
Por isso sonhamos com Baltazar, Melchior e
    Gaspar
Como eles eram naquela época,
Bem diversos do que são hoje e atendem
    pelos nomes
De Lucro, Ganância e Poder.
Deixaram de ser reis para se transformarem
Em assistentes de Papai Nobel.

E se esta bela história da Carochinha fosse
    verdade
(Como o é em nossos corações).
Senhores donos das pompas do mundo?
Se no dia do Juízo Final, nós, os pobres,

Formos mesmo os primeiros?
Haverá um inferno suficientemente quente
Para aqueles que há dois milênios nos
    maltratam?

É fácil reverenciá-lo agora que ele está morto
E pode ser adorado sem riscos.
Mas nós nos lembramos de como ele
    era antes;
Antes que o roubassem de nós.

Um dia nos revoltaremos ao lado dele.
Ou sem ele e, se for preciso,
Até mesmo contra ele!

Hoje à noite quando vocês estiverem
Abrindo presentes,
Bebendo champanhe
Como bons fiéis,
Pensem bem antes de mandar o porteiro
    expulsar
Aquele crioulo sujo, desdentado, cheirando
A álcool, medo, humilhação e mijo.
Pode ser o juiz supremo disfarçado,
Aquele por quem tanto esperamos
E o qual vocês tanto temiam.
Pode ser o aniversariante.

III

Não sou o poeta municipal,
Nem lírico nem estadual,
Nem dramático ou federal.
Sou aquele velho otário,
O poeta panfletário.

(*O pacto de Wolffenbüttel e a recriação do homem*, 2001)

SÉRGIO SANT'ANNA
(1941, RIO DE JANEIRO, RJ – 2020)

Consagrado como prosador – conto, romance, teatro –, em surdina não deixou de ser também poeta, seja em verso, seja em prosa, como em *A tragédia brasileira: romance-teatro* (1987). Mas publicou dois livros que cabem sem dúvida no universo exclusivo da poesia, uma poesia que podemos chamar de joco-séria ou joco-dramática: *Circo: poema permutacional para computador, cartão e perfuratriz* (1980) e *Junk box: uma tragicomédia nos tristes trópicos* (1984).

(*Teatro Lambe-Lambe apresenta, no minipalco enlutado*)

1964

Golpe no estado

Ato I

A greve é grave
diz o Ditador:
> Desçam-lhes o cacete
> enfiem-lhes o porrete
> atravessem-lhes o cu.

– Pois não, meu General.

Ato II

O GENERAL DE PLANTÃO:

> – Ouço ruídos
> nas coxias.
> Será a turba
> amotinada?

VENTRILOUCO, MINISTRO DAS
INFORMAÇÕES:

      – Não, Excia, é o povo que volta do
                                [Estádio.
      – Então ganhamos mais uma vez?
      – Não, Excia, o povo comemora o
                              [empate.
      – Nos tornamos, enfim, civilizados?
      – Não, Excia, é que de tanto levar
                                [ferro
o povo está ficando calejado.

O CORO DOS LACAIOS CIVIS:

      – Mas é melhor não facilitar, majestade.

(*Junk box: uma tragicomédia nos tristes trópicos*, 1984)

RUY ESPINHEIRA FILHO
(1942, SALVADOR, BA)

Poeta do amor e da memória, também se dedica ao conto, à crônica, ao romance, ao ensaio. Estreou com *Heléboro* (1974), seguido de *Julgado do vento* (1979), *As sombras luminosas* (1981), *Memória da chuva* (1996), *Poesia reunida e inéditos* (1998), *Elegia de agosto e outros poemas* (2005), *A casa dos nove pinheiros* (2012), *Estação infinita e outras estações* (2012), *Milênios e outros poemas* (2016), *Sonetos reunidos & inéditos* (2020), entre outros. Um escritor que nunca deixou de dizer o que pensa e sente da realidade brasileira.

Soneto de um triste país
(Brasil, abril de 2020)

> "...apagada e vil tristeza."
> Camões. *Os lusíadas*, X, 145.

As mais belas canções, eis que as cantamos
em tempos de esperanças e alegrias,
eras de generosas fantasias...
E agora apenas nos envergonhamos

de um país que tão alto já sonhamos
e que hoje é como um poço de agonias,
transbordando dejetos de idiotias,
em que nós mesmos – nós! – o transformamos.

Porque foi nosso voto demenciado
que a essa escória entregou todo o poder
de onde nos chega o horror em vendavais.

Ah, voltemos ao sonho abandonado,
para que não venhamos a viver
noutras trevas como estas – nunca mais!

FLÁVIO MOREIRA DA COSTA
(1942, PORTO ALEGRE, RS – 2019, RIO DE JANEIRO, RJ)

Como Sérgio Sant'Anna, também frequentou um espaço limítrofe entre prosa e poesia – no conto, no romance, no ensaio, no teatro. Mesclou gêneros e experimentações já em seu livro de estreia, *O desastronauta: ok, Jack Kerouac, nós estamos te esperando em Copacabana* (1971, 2ª ed. revista em 2006), quando conquistou a admiração de Rubem Fonseca, que escreveu o texto de orelha da 1ª edição. Publicou dezenas de livros e um único que reúne somente poemas: *Livramento: a poesia escondida de João do Silêncio – trilogia de Aldara* (2006).

O desastronauta
(54 – Divisão dos cães)

I

Um cão é um cão
(quando sem plumas,
é do João).
Um cão é uma pedra
(quando morto no chão).

Um cão é uma ave,
sem asas pra voar.
O cão é o melhor amigo
do inimigo do homem.

Um cão é um homem que ficou no meio do
                              [caminho.

II

E mais é preciso ser dito sobre os cães. É preciso
ser dita a verdade.
Que de uma vez por todas fique firmada a classificação dos cães:
   a) os policiais;
   b) os que não são policiais;
   c) os que são de fila;
   d) os que me mordem;
   e) os que mordem os outros;
   f) os que são amantes das senhoras da
      sociedade;
   g) aqueles que se pode carregar nos bolsos;
   h) os racistas e fascistas que só mordem pretos e
      mal-arrumados;
   i) os da infância de cada um;
   j) os demais.

(*O desastronauta*, 1971-2006)

Há sempre um poema que não se pode escrever

O mundo cai em pedaços e o poeta veste seu
                        [sentimento lírico.
Nada mais acabado e descabido.
A salvação da lavoura é o homem cuidar da terra,
o homem poluído!
Na guerra de bactérias peguei um vírus
– lirismo são anticorpos.
Pobres e crianças morrem de guerra ou fome
– a história da humanidade?
O Brasil termina em outubro – ou termino eu?
A dívida externa é como pecado capital:
ninguém consegue evitar ou pagar.
Já a dívida interna – bem, isso é cá com meus
                            [botões.
A palavra "crise" nos dicionários: palavra morta.
A palavra "crise" no meio da vida: palavra viva.
A angústia dói no bolso
da alma.
A política externa fica muito externa a nós.
Já a política interna...
Sou um animal apolítico: eis minha política.
Minha política é a do sistema
nervoso.

Lírico participante, vou fundar
o Partido da Política do Humano.
Simples e fundamental como a água:
ninguém será candidato a nada,
todos serão candidatos a tudo.

1977

(*Livramento*, 2006)

AFONSO HENRIQUES NETO
(1944, BELO HORIZONTE, MG)

Ensaísta, ficcionista, antologista, tradutor, publicou, entre outros livros de poemas, *O misterioso ladrão de Tenerife* (1972, coautoria com Eudoro Augusto), *Restos & estrelas & fraturas* (1975), *Ossos do paraíso* (1981), *Tudo nenhum* (1985), *Avenida Eros* (1992), *Abismo com violinos* (1995), *Ser infinitas palavras* (2001), *Cidade vertigem* (2005), *Uma cerveja no dilúvio* (2011) e *Cantar de labirinto* (2018). Um poeta oceânico e inaugural, como Jorge de Lima.

Pequena história

Primeiro limpamos a terra
matamos bichos e índios
arrancamos óleo e diamante
luz de um funeral que arrefece.
Depois progredimos bastante
fabricamos armas possantes
e tudo cobrimos (furiosa messe)
com a mais impecável guerra.
Por fim entramos com um sorriso
nos templos de toda fé
e suplicamos ao invisível
o justíssimo paraíso.
Quem saberá se na loucura dos deuses
o prêmio será plausível.

(*Cantar de labirinto*, 2018)

FREDERICO GOMES
(1947, BARRA DO PIRAÍ, RJ)

Crítico de arte, jornalista e autor de *Poemas ordinários* (1995), *Outono & inferno* (2002) e *Olhar forasteiro* (2019). Um poeta que cultiva "aquelas flores sardônicas do humor e da crítica de costumes" – afirmou outro poeta de raro timbre, Ivan Junqueira.

Ode ao dinheiro

Tu burguês, Gordo hamburguês, Homem-moela,
Homem-moeda, Corifeu da fé no dinheiro,
Crustáceo coruscante no trânsito,
Sombrio, Sem brio, Homem-genuflexório,
Homem de costas, Homem-ciranda
financeira, Homem-monóxido de carbono,
homem monótono, Homem-maná, Homem-sombra,
Homem-lombra, Sem meio-dia, Sem sol, Sem,
Homem-fóssil no fundo do fosso do ser,
Homem-falso nirvana, Toupeira sob a
touceira do dinheiro, Homem-glutão, Homem-
-gruta, Homem-focinho, Homem-bolso, Homem-
-lombada, Homem-revérbero do vil metal,
Homem-fraude, Homem-pênsil no abismo do
dinheiro, Homem-estoque, Homem-escroque,
Homem-escroto, Homem-cifrão, homem-esgoto,
Homem-rato de Manhattan, de Brasília

(*Outono & inferno*, 2002)

Homo sapiens
                                    a Leonardo Fróes

Os básicos direitos humanos:
sim, é muito bom e útil preocupar-se
com eles. E preocupamo-nos.
Mas eu gostaria mesmo é que me achasse

numa ilha distante sem sequer Crusoé
(que no caso seria meu Sexta-Feira).
Ali viveria – como um solitário, pois é –
do pensamento mágico, sem eira nem beira;

escreveria meus pungentes sintagmas
na areia de uma praia deserta ao sabor
das ondas ou exortaria meus fantasmas
na rocha de cavernas conforme meu pendor.

Tudo muito irreal nas vicissitudes ao ponto
de uma aceitação absoluta da vida.
A civilização tecnológica de pronto
desapareceria: com os tecnobjetos, sua medida.

Não há ética na civilização tecnológica:
condutas irresponsáveis e deletérias
(polícia corrupta agricultor com matéria tóxica)
o Carro do Lucro puxado por Misérias.

E eu pequeno burguês portanto pequeno poeta
que li *O 18 de Brumário...* de Marx, suspeito
por muitos por gostos e atitudes de ser mero esteta
repito-lhes: – Uma ilha apenas uma ilha o meu pleito.

(*Olhar forasteiro*, 2019)

BRAULIO TAVARES
(1950, CAMPINA GRANDE, PB)

Romance, conto, poema, crônica, ensaio, cordel, letra de música, teatro, tradução, antologia, em tudo que faz imprime a marca do talento e da engenhosidade formal. Autor de *Sai do meio, que lá vem o filósofo* (1982), *O homem artificial* (1999) e mais duas dezenas de livros vários, seus poemas ferem, denunciam, brincam, e com uma contundência digna de Juvenal, o poeta latino.

Por exemplo: o Leblon

Vão à praia
com o livro de Marx
e pensam
com isso
equilibrar os pratos da balança.

Mas tudo o que fazem
é estancar no impasse
entre seu prazer e sua culpa.

Bem que podiam
deixar a praia e o profeta em paz
e expor seus egos tão condescendentes
ao sol
dos fatos.

(*Sai do meio, que lá vem o filósofo*, 1982)

O caso dos dez negrinhos
(romance policial brasileiro)

Dez negrinhos numa cela
e um deles já não se move.
Fugiram de manhã cedo,
mas eram nove.

Nove negrinhos fugindo
e um deles, o mais afoito,
dançou: cruzou com uma bala...
Correram oito.

Oito negrinhos trabalham
de revólver e canivete;
roupa cáqui vem chegando,
fugiram sete.

Sete negrinhos passando
pela rua de vocês;

alguém chamou a polícia,
correram seis.

Seis negrinhos dão o balanço:
bolsa, anel, relógio, brinco...
Houve um erro na partilha,
sobraram cinco.

Cinco negrinhos de olho
na saída do teatro.
Um vacilou, deu bobeira...
Correram quatro.

Quatro negrinhos trombando,
todos quatro de uma vez.
Um deles a gente agarra,
mas fogem três.

Três negrinhos que batalham
feijão, farinha e arroz.
Um se deu mal: a comida
dava pra dois.

Dois negrinhos se embebedam
de brahma, cachaça e rum.
Discussão, briga, navalha...
e fica um.

E um negrinho vem surgindo
no meio da multidão.
Por trás desse derradeiro...
vem um milhão.

(*O homem artificial*, 1999)

GLAUCO MATTOSO
(1951, SÃO PAULO, SP)

Pseudônimo de Pedro José Ferreira da Silva. Prosador e poeta com dezenas de livros publicados, sonetista admirável e prolífico, vai do erudito ao popular (sobretudo ao fescenino) com igual desembaraço, e quase tudo que escreveu caberia nesta seleção de política e protesto. Em *Poética na política: cem sonetos panfletários* (2004), afirma: "Política é assunto indigesto aos paladares poéticos mais refinados, mas, para um bardo revoltado e sem papas na língua, o tema pode ser um prato cheio." E o "Sonnetto do decoro parlamentar" reaparece aqui numa forma que o autor chama de "versão reorthographada".

Sonnetto do decoro parlamentar

– O illustre senador é um sem-vergonha!
– O quê?! Vossa Excellencia é que é saphado!
E os dois parlamentares, no Senado,
disputam palavrão que descomponha.

Um grita que o collega usa maconha.
Responde este que aquelle outro é veado.
Até que alguém apparte, em alto brado
anima-se a sessão que era enfadonha.

Inútil tentativa, a da bancada,
de a tempo separar o par briguento:
aos tapas, se engalfinham por um nada.

Imagem sem pudor do Parlamento,
são ambos mais sinceros que quem brada:
– Da pecha de larappio me innocento!

(*Poética na política*, 2004 – poema revisto para esta antologia)

PAULO HENRIQUES BRITTO
(1951, RIO DE JANEIRO, RJ)

Contista, ensaísta e um dos maiores tradutores do país, estreou na poesia com *Liturgia da matéria* (1982), seguido de *Mínima lírica* (1989), *Trovar claro* (1997), *Macau* (2003), *Tarde* (2007), *Formas do nada* (2012) e *Nenhum mistério* (2018). Entre a extrema arte do poema e o estranho mau tempo do país do carnaval, um de nossos melhores poetas passeia sua ironia.

Até segunda ordem – soneto 5

(*19 de janeiro*)

Até esta chegar às suas mãos
eu já devo ter cruzado a fronteira.
Entregue por favor aos meus irmãos
os livros da segunda prateleira,

e àquela moça – a dos "quatorze dígitos" –
o embrulho que ficou com o teu amigo.
Eu lavei com cuidado o disco rígido.
Os disquetes back-up estão comigo.

Até mais. Heroísmo não é a minha.
A barra pesou. Desculpe o mau jeito.
Levei tudo que coube na viatura,

mas deixei um revólver na cozinha,
com uma bala. Destrua este soneto
imediatamente após a leitura.

(*Trovar claro*, 1997)

ADRIANO ESPÍNOLA
(1952, FORTALEZA, CE)

Autor do ensaio *As artes de enganar: um estudo das máscaras poéticas e biográficas de Gregório de Matos* (2000), também contista, publicou, entre outros livros de poemas, *Fala, favela* (1981), *O lote clandestino* (1981), *Táxi* (1986), *Metrô* (1993), *Beira-sol* (1997), *Praia provisória* (2006) e *Escritos ao sol* (2015). Um lírico sem rótulos e sem data – e aqui o temos, em poemas de juventude, impiedoso com os opressores.

Os grãos-proprietários

Os grão-proprietários têm suas leis,
suas finas falas,

suas balas
e a força de seus muros – engatilhada.

Faturam, faturam, faturam.

A fome, a força, a fábrica,
a fábula, a favela, a fortuna.

Só não o futuro.

Posse

Favela José Bastos
mudou-se para meu grito:
aqui cerquei este canto
com a dor do desabrigo.

Favela José Bastos
apossou-se da memória:
aqui fixei quatro palavras,
quatro paredes da revolta.

Favela José Bastos
instalou-se na poesia:
aqui ergui trinta poemas
com as pedras da teimosia.

Favela José Bastos
apropriou-se de meu gesto:
aqui lutei com as palavras
para habitar este protesto.

(Fortaleza, 13 de junho à 29 de novembro de 1979)

(*Fala, favela*, 1981)

LUÍS ANTONIO CAJAZEIRA RAMOS
(1956, SALVADOR, BA)

Também prosador, publicou os livros de poemas *Fiat breu* (1996), *Como se* (1999), *Temporal temporal* (2002) e as antologias *Mais que sempre* (2007) e *Poesia reunida* (2016). Para Carlos Felipe Moisés, "nosso poeta não é um só, é muitos — no afã de dar voz a todos os horrores e a todos os amores do mundo". Um poeta, por todos os motivos, da mesma linhagem de Gregório de Matos.

Hino à patroa

Pátria Raimunda, tu te julgas bela,
família e forte, sendo só gostosa,
mundana e instável. Minha pátria amada,
quero-te eterna, entanto és descartável.

Qual Rapunzel da torre de sapé,
moura-torta de areias movediças,
pátria brejeira, em que brejões a vaca
sonha alfafa mas come tiririca?

Ó pátria amada, idolatrada, salva,
enquanto há tempo, teus anéis de lata,
pois já levaram o ouro com teus dedos.

Oh pátria burra, bufa, esquizofrênica.
Tresloucada em famélica demência,
comes melecas tão carnavalescas.

Calote

Ele buscou inutilmente, nas gavetas,
seus títulos, seus bens, seu patrimônio inteiro.
O que encontrou por lá? Somente velhas contas,
E nenhum puto níquel, nem um só dinheiro.

Credores vão à porta – multidão de agiotas,
parecem urubus rondando, carniceiros...
Ele age até tranquilo e esconde-se sem pressa,
embora o corpo implore urgente ir ao banheiro.

No desarranjo, entanto, clara se anuncia
a mágica saída – um sonho: a loteria! –
que expulse a vil miséria e oferte o mundo inteiro.

Trabalho, nunca mais! A vida é boa e farta
com tanta grana assim. Melhor do que de graça,
comprado. E tudo seu! ...Jeitinho brasileiro.

Soneto neoliberal

Mercadorias circulavam livremente.
Serviços, sempre disponíveis para todos.
Capitais dando curso a transações constantes.
Mão de obra farta contratada em qualquer canto.

O mercado comum mantinha a economia
aquecida e as nações em desenvolvimento.
A lei da oferta e da procura traduzia
justo equilíbrio entre poupança e investimento.

Toda a política de câmbio convergia.
O crédito internacional, em sintonia,
Idealizando um livre-arbítrio técnico e ético,

incentivava a produção em harmonia.
Um mundo livre de barreiras. E a teoria,
na prática, vingou? ...Multidões comem resto.

(*Poesia reunida*, 2016)

JANICE CAIAFA
(1958, RIO DE JANEIRO, RJ)

Antropóloga, professora, tradutora de *Les Roses*, de Rilke – *As Rosas* (1996) –, publicou, entre outros livros de poesia, *Noite de ela no céu* (1982-1997), *Neve rubra* (1996), *Fôlego* (1998), *Nosso século XXI* (2000), *Cinco ventos* (2001), *Ouro* (2005), *Estúdio* (2009), *Trilhos da cidade* (2013) e *Patchwork* (2016). Do livro de 1996, eis um inquietante poema retrospectivo.

Brasis

Estas ruas já foram escuras,
um breu que o candeeiro
a custo varava a um facho
de palmo e pouco.
Eram noite mesmo, lume difícil
perigo de vultos e aparições.
Eram ruas assobradadas,
cabriolets, cabs tilburys
ou uma sege
batia o chão e passava.
Iaiás mais de um romance leriam
que as fariam chorar sem motivo
só pela vida que levavam.
E quantas belas, quantas delas,
libertas – essas princesas
também trazidas de uma África.
Estas ruas já foram assim
como agora, negras,
onde ainda hoje há perseguições.

(*Neve rubra*, 1996 – poema revisto para esta antologia)

RONALDO CAGIANO
(1961, CATAGUASES, MG)

Ficcionista, ensaísta, antologista, crítico e poeta cuja estreia aconteceu com *Palavra engajada* (1989), ao qual se seguiram, entre outros, *Canção dentro da noite* (1998), *O sol nas feridas* (2011), *Observatório do caos* (2017), *Os rios de mim* (2018), *O mundo sem explicação* (2019) e *Cartografia do abismo* (2020). Em tempos espúrios, o poeta fustiga

Víbora

Vibra
nessa hora
o chicote da verdade

embora
no suor dos que
resistem

ainda é anêmica
a pólvora
que a(s)cenderá
o grito

Nesses tempos de *fake news*

> *Não previmos que a isto*
> *chegaríamos?*
> *A este dia sem entendimento*
> *quando o sol ainda brilha?*
> Gastão Cruz

Em sua atarefada vingança
os bárbaros modernos
cavalgam no dorso
de um exército demencial de fanáticos
com sua urgência encarnada
trazendo uma caravana de trevas
e fezes corrosivas do amanhã.

Num mundo sem explicação,
a vingança,
      esse deus iconoclasta
      plantando mentiras
      em jardins transgênicos,
      vencendo nossa fome inerte de futuro,
chega vestida de sombras
com sua incorrigível truculência:

expõe-nos, feito organismos eviscerados,
à fúria desse rio insano de dejetos
ou à mentira dos guichês de Curitiba.

Sim, Ricardo Aleixo,
nesse país repleto de contenciosos –
de diques rompidos
transfusões de lama e ódio
e sem futuro –
conjugamos
"outro verbo sem presente: morrer."

(*Cartografia do abismo*, 2020)

IACYR ANDERSON FREITAS
(1963, PATROCÍNIO DO MURIAÉ, MG)

Igualmente contista e ensaísta, é poeta de obra numerosa em que se destacam *Sísifo no espelho* (1990), *Primeiro livro de chuvas* (1991), *Messe* (1995), *Mirante* (1999), *Oceano coligido: antologia poética* (2000), *A soleira e o século* (2003), *Quaradouro* (2007), *Viavária* (2010), *Ar de arestas* (2013). Um lírico da palavra medida, dentro da melhor tradição mineira.

A liberdade possível

Não poderá ser livre
quem luta entre muralhas
e sofre ao defendê-las
de canhões e canalhas.

Nenhuma liberdade
foi feita para os guetos,
para os pobres de sempre,
mulatos, índios, pretos.

Logo, aqui se tem
o quilombo possível
(de quando a liberdade
teima em baixar de nível).

(*Viavária*, 2010)

ALEXEI BUENO
(1963, RIO DE JANEIRO, RJ)

Ensaísta, historiador, antologista, tradutor e principalmente poeta com obra extensa e incontornável: *Entusiasmo* (1997), *Em sonho* (1999), *Os resistentes* (2001), *A árvore seca* (2006), *Poesia completa* (2013), *Anamnese* (2016), *Cerração* (2019) etc. Como Augusto dos Anjos, um poeta da condição humana, que aqui denuncia a máquina burocrática que tanto nos oprime e humilha.

Tributo

O Deus da Miséria
Todo dia te olha.
Não existe escolha
Com que lhe dês féria.

Cada dia o imposto
Pagarás, exato,
Ou ele, cordato,
Marcará teu rosto.

Nasceste entre os servos.
Enquanto isso os ricos
Nos celestes picos
Padecem dos nervos.

(06 de novembro de 2004)

SPECULUM PATRIAE

Um povo feio, essencialmente feio,
Fora os meio imigrantes. Cada dia
Uma outra humilhação que se anuncia,
Um saque, um roubo, sem controle ou freio.

Uma horda de imbecis, de olho no alheio,
Cuja rapina é a única mestria,
Pretensamente os donos da alegria,
Da esperteza, da graça, e Deus no meio.

Um pátio dos milagres de devotos
De tudo, irracionais, analfabetos,
A orar, a praguejar, a cumprir votos,

À espera do que os salve, em meio a insetos,
A matar-se, a banhar-se nos esgotos
Das praias sem iguais, entre os dejetos.

(09 de novembro de 2004)

(*A árvore seca*, 2006)

CARLOS NEWTON JÚNIOR
(1966, RECIFE, PE)

Cronista, contista, romancista, crítico literário, ensaísta, antologista, professor e um dos melhores poetas de sua geração com *Nóstos* (2002), *Poeta em Londres* (2005), *De mãos dadas aos caboclos* (2008), *Ofício de sapateiro* (2011), *Ressurreição* (2019) etc. Seu livro *Canudos: poema dos quinhentos* (1999) foi considerado por Foed Castro Chamma um "poema-romance ou um romance-poema, uma epopeia". Em livro mais recente (*Memento mori: os sonetos da morte*, 2020), traz a morte como personagem-narrador, a acossar o ministro velhaco que "nem sabe o que é justiça".

Visões

XVI
Fim da jornada

Estamos sós aqui, os sem-sossego;
estamos sós aqui, os desvalidos;
estamos sós aqui, os enjeitados;
estamos sós aqui, os proibidos.

Estamos sós aqui, os malsinados;
estamos sós aqui, os intranquilos;
estamos sós aqui, os aviltados;
estamos sós aqui, os perseguidos.

Estamos sós aqui, os dissidentes;
estamos sós aqui, os sem-linhagem;
estamos sós aqui, os inseguros.

Estamos sós aqui, os sem-presente;
estamos sós, saudosos das origens;
estamos à espera de um futuro.

XVII
O lugar do não lugar: Belo Monte

Estamos nós aqui, os recusados;
estamos nós aqui, os escolhidos.
Estamos nós aqui, os condenados;
estamos nós aqui, os redimidos.

Estamos sós, sem água mas molhados
de lágrimas e tanto sangue ungido;
os braços bem abertos, encravados,
as faces encovadas de gemidos.

Os pés, de tanto andar desfigurados,
cortados pelo chão crestado e bruto,
trouxeram-nos às margens deste rio.

Aqui nós morreremos traspassados.
Aqui nós choraremos nossos lutos.
Aqui descobriremos o Brasil.

(*Canudos: poema dos quinhentos*, 1999)

Soneto

Grita o gordo, de capa e de peliça,
enquanto o pego, amasso, torço e espremo:
"Mas eu sou um Ministro do Supremo!
Vou morrer?! Ai, meu Deus, quanta injustiça!"

Não há maior prazer na minha liça
do que levar assim um néscio extremo.
Ah, eu me regozijo, e gozo, e tremo:
o velhaco nem sabe o que é justiça!

Não sei se dele faço picadinho,
começando a cortar pelas papadas,
ou se irei é sangrá-lo, feito um porco.

Certamente daria um bom toucinho
pra servir com pirão e com rabada,
no festim que darei além, no orco.

(09 de novembro de 2019)

(*Memento mori: os sonetos da morte*, 2020)

ALBERTO PUCHEU
(1966, RIO DE JANEIRO, RJ)

Ensaísta, antologista, professor, publicou, entre outros livros de poemas, *A fronteira desguarnecida, poesia reunida 1993-2007* (2007), *mais cotidiano que o cotidiano* (2013) e *Para quê poetas em tempos de terrorismos?* (2017). Nos mais recentes, assim como em *vidas rasteiras* (2020), ganhou o palco com uma poesia bem mais feroz e irônica.

essas pessoas

essas pessoas se amam
por dinheiro
e mesmo quando
não se amam
se reconhecem
por dinheiro
como donas
como proprietárias elas se amam
entre si
amando
no outro
não o outro
que seria
o amado
mas o reconhecimento
do dinheiro
do outro
da propriedade
do outro
da posse
do outro
que faz o outro ser
o mesmo
que essas pessoas
que amam
no outro
o dinheiro
que faz o outro ser
o dinheiro
que faz o mesmo
do outro
e o outro
do mesmo
e no fim
das contas
o mesmo do mesmo
ser o dinheiro
que ao o reconhecerem
amam no outro

mais do que
qualquer cumplicidade
com quem poderia
ser
efetivamente amado
mais do que
os cúmplices
que dizem amar
o dinheiro
elas se relacionam
com o dinheiro
posicionando-o
entre elas
e os outros
entre os amados
e os amantes
entre elas
e o amor
entre elas
e elas mesmas
pois
para essas pessoas
o dinheiro é
a única medida
de tudo que vale
enquanto
vale
e de tudo
que não vale
enquanto
não vale

poema para a catástrofe do nosso tempo
XII

Quem diria que, aqui,
no Brasil, chegaríamos ao dia
em que seria o isolamento,
não a multidão, o confinamento,
não as ruas, a interrupção, não
o movimento, a frenagem,
não a velocidade, o estancamento,
não a continuidade, a reclusão,
não a exposição, a cesura,
não a sequência, a suspensão,
não a segurança, o tranco,
o solavanco, o tropeção, os gestos
para lutarmos pelo direito
de que todo indivíduo tenha,
mesmo sem sair de casa,
como respirar, comer, trabalhar,
estudar, morar, cuidar da saúde
e da doença... Sempre achei,
como algumas vezes disse,
que, no discurso político,
tinha de ser trocado o que
chamam de "disputa de narrativa"
pela emergência de uma outra
lógica, de uma lógica do poético.

(*vidas rasteiras*, 2020)

SÔNIA BARROS
(1968, MONTE MOR, SP)

Embora mais conhecida por seus numerosos livros de literatura infantojuvenil, publicou três coletâneas de poesia: *Mezzo voo* (2007), *Fios* (2014) e *Tempo de dentro* (2017). Nas pequenas cápsulas hipersensíveis que são os seus poemas, a preocupação social é constante. Em "Futuro", a mesma angústia perfurante do Manuel Bandeira de "O bicho" que cata "comida entre os detritos"?

Futuro

No esgoto,
catando restolhos,
a menina procura
cerzir o vinco
do estômago.

No alto,
o futuro a espia
com garras
e agulhas
      sem linhas.

(*Fios*, 2014)

KÁTIA BORGES
(1968, SALVADOR, BA)

Jornalista e poeta, publicou *De volta à caixa de abelhas* (2002), *Uma balada para Janis* (2009), *Ticket Zen* (2010), *Escorpião amarelo* (2012), *São selvagem* (2014) e *O exercício da distração* (2017). Aqui, um poema que planta o dessossego em nossas zonas de conforto.

O pequeno Hitler

Todo mundo traz em si
o menino de Braunau
em um bunker imaginário.
E cada sonho que temos,
seja entrar para a Academia de Artes
ou possuir a espada de Longino,
é o marido de Eva Braun,
o arquiteto do caos,
que queima em nosso peito.

Pois ele também sonhou,
na abadia de Lambach,
servir a Deus e ser bom.
E cada sonho que temos,
seja planejar uma cidade
ou comandar um exército,
é o dono do cão Blondi,
o filho de Klara e Alois,
que ruge dentro de nós.

Pois ele também sonhou
certa tarde, no Museu de Hofburg,
ter a lâmina da vida nas mãos.
E cada sonho que temos,
seja eternizar-se na memória
ou liderar uma nação,
é o plagiador de Blavatsky,
o falsificador de Nietzsche,
o criador de Treblinka
e de Auschwitz-Birkenau, que grita.

(*Ticket Zen*, 2010)

RICARDO VIEIRA LIMA
(1969, NITERÓI, RJ)

Ensaísta, crítico literário, jornalista e advogado, é autor da antologia *Roteiro da poesia brasileira: anos 80* (2010). "Indagações de hoje", poema incisivo, integra seu livro *Aríete: poemas escolhidos* (2021).

Indagações de hoje

Quem matou Hipátia de Alexandria?
Quem matou Joana d'Arc?
Quem matou Ana Bolena?
Quem mandou matar Marielle Franco?

Quem matou Mima Renard?
Quem matou Dandara dos Palmares?
Quem matou Tereza de Benguela?
Quem mandou matar Marielle Franco?

Quem matou Ursulina de Jesus?
Quem matou Joana Angélica?
Quem matou Rosa Luxemburgo?
Quem mandou matar Marielle Franco?

Quem matou Olga Benário?
Quem matou Maria Bonita?
Quem matou Dália Negra?
Quem mandou matar Marielle Franco?

Quem matou Aída Curi?
Quem matou as Irmãs Mirabal?
Quem matou Dana de Teffé?
Quem mandou matar Marielle Franco?

Quem matou Iara Iavelberg?
Quem matou Maria Lúcia Petit?
Quem matou Sônia Angel Jones?
Quem mandou matar Marielle Franco?

Quem matou Zuzu Angel?
Quem matou Araceli Crespo?
Quem matou Ana Lídia Braga?
Quem mandou matar Marielle Franco?

Quem matou Ângela Diniz?
Quem matou Cláudia Lessin Rodrigues?
Quem matou Ana Rosa Kucinski?
Quem mandou matar Marielle Franco?

Quem matou Dinalva Oliveira Teixeira?
Quem matou Lyda Monteiro da Silva?
Quem matou Solange Lourenço Gomes?
Quem mandou matar Marielle Franco?

Quem matou Margarida Maria Alves?
Quem matou Mônica Granuzzo?
Quem matou Daniella Perez?
Quem mandou matar Marielle Franco?

Quem matou Irmã Dorothy?
Quem matou Benazir Bhutto?
Quem matou Isabella Nardoni?
Quem mandou matar Marielle Franco?

Quem matou Eliza Samudio?
Quem matou Patrícia Acioli?
Quem matou Jandyra dos Santos Cruz?
Quem mandou matar Marielle Franco?

Quem matou Luana Barbosa dos Reis?
Quem matou Dandara Kettley?
Quem matou Sabrina Bittencourt?
Quem mandou matar Marielle Franco?

Quem mandou matar Marielle Franco?
Quem mandou matar Marielle Franco?
Quem mandou matar Marielle Franco?
Quem mandou matar Marielle Franco?

(14 de março de 2019)

PÁDUA FERNANDES
(1971, RIO DE JANEIRO, RJ)

Publicou os livros de poemas *O palco e o mundo* (2002), *Cinco lugares da fúria* (2008), *Cálcio* (2012), *Código negro* (2013), *Canção de ninar com fuzis* (2019) e *O desvio das gentes* (2019). Um poeta que não devemos perder de vista, também se dedica ao conto e ao ensaio. Em "Revalidação de diplomas", qualquer semelhança com a realidade atual brasileira é mera coincidência.

Revalidação de diplomas

Pesquisador especializado em cosmopolitismo
orienta filho de ditador
no centro financeiro mundial.
Manter a prestigiosa escola superior
é deveras custoso nesta cidade.
O doutorando, porém, mostra-se generoso,
a tese é aprovada com louvor e distinção.

O Filho retorna.
Os professores nunca mencionaram o pai.
Nenhuma família é perfeita.
Todo país tem problemas com direitos humanos.

Revolta. Mal-estar nas ruas,
gritos dos leigos contra o ditador.
O Filho orientado pelo pesquisador do
                        [cosmopolitismo
chama os rebeldes de lixo.
Promete limpar o país.

Notícias contraditórias sobre a guerra.
Gritos do Filho: "não são homens,
mas porcos, e menos porcos
do que lama, e menos a lama
do que as pegadas das patas".
Mas a escola superior deixa de receber doações
do ex-orientando que se doutorou em
                        [cosmopolitismo.

Fugiu o Filho
enquanto o ditador era triturado por mil patas,
agora pés, que abriram a via para o humano
pisando os restos do soberano.
Mais custoso se torna
manter o prestígio da escola superior
no centro financeiro mundial.

Ocupada com os custos, nada fez
a escola onde o filho de ditador

doutorou-se em cosmopolitismo,
nem mesmo lhe ofereceu uma cátedra,
refúgio seguro contra o mundo;
a tese fora plagiada,
mas que importância tem a verdade
num centro financeiro?

Cortesãos, vil raça ingrata.

(*O desvio das gentes*, 2019)

ANGÉLICA FREITAS
(1973, PELOTAS, RS)

Publicou *Rilke shake* (2007), *Um útero é do tamanho de um punho* (2012) e *Canções de atormentar* (2020). Com áspera, ácida doçura, seus poemas são canções de atormentar que refletem o país nos seus mais acirrados contrastes e confrontos.

micro-ondas

explicar o brasil a um extraterrestre:
tua cara numa bandeira. conheceriam a líder
e acabariam contigo: parte suja
da conquista.
mas agora já foi, de outra maneira: vista aérea
da amazônia, vinte e tantas
hidrelétricas
pros teus ovos fritos no micro-ondas.
e acabariam contigo: parte certa
da conquista.
e se vieram mesmo
para conhecer as cataratas?
ou para aprender com a gente
o que são matas, pratas, democratas?
as naves cobrem o céu completamente.
todos os escritórios
e todas as lojas de comidas rápidas
decretam fim de expediente.
baratas e ratos
fugiram antes.
é natal, carnaval, páscoa
nossa senhora de aparecida e juízo final
ao mesmo tempo.
amantes se comem pela última vez.
caixas eletrônicos vomitam a seco.
o supermercado era um cemitério!
os shoppings, os engarrafamentos!
explicar o casamento igualitário
a uma iguana, explicar
alianças políticas a um gato, explicar
mudanças climáticas
a uma tartaruga no aquário.
já está. agora espera.
toma um activia.
mora na filosofia. imagina!
num país tropical, péssimo!
não rio mais. trágico!
piores que gafanhotos
suas maravilhas hidrelétricas

serão vistas, em chamas, de sirius:
"o meu país era uma pamonha
que um alienígena esfomeado
pôs no micro-ondas".
queime-se.
é um epitáfio possível.

jogos escolares

desde as nove da manhã
o time amarelo enfrenta o time vermelho.
no teu tempo isso era educação física,
podia ser também recreio.
o telefone ainda não tocou,
tudo na mesma, nenhum e-mail.
a gritaria pela janela da cozinha
informa a vitória do time amarelo.
depois a casa se enche de silêncio.
e você sente pena do time vermelho,
mas é só mais tarde, depois do almoço,
que se compadece também do amarelo.

(*Canções de atormentar*, 2020)

ALVES DE AQUINO
(1974, MUCAMBO, CE)

Também conhecido como o Poeta de Meia-Tigela. Ensaísta, professor, publicou, entre outros livros de poesia, *Memorial Bárbara de Alencar & outros poemas* (2008), *Concerto nº 1nico em mim maior para palavra e orquestra. Poema: combinação de realidades puramente imaginárias* (2010), *Girândola* (2015) e *Miravilha: liriai o campo dos olhos* (2015). Ana Miranda, nossa *romanbiógrafa* de Gregório de Matos, situa este poeta que "carrega o eu e a voz de uma poesia combativa, que está se inovando na mesma velocidade das máquinas contemporâneas".

Soneto das erratas ou

Onde se lê "Nação Cheia de Glória"
leia-se "país sujo estercorário"
onde se lê "Os Louros da Vitória"
leia-se antes "as dores do calvário"

Onde se lê "Herói da Nossa História"
leia-se "usurpador" e "fraudulário"
onde se lê "Medida Provisória"
leia-se "o mesmo conto do vigário"

Onde "Ordem e Progresso" ler "vanglória"
onde "Bem-Estar" "mínimo salário"
onde "Imparcial" leia-se "arbitrário"

Onde "Eu prometo" leia "promissória"
onde "Amo a minha gente" "fora escória"
e onde "Grande Brasil" ler o contrário

BRASIL, PAÍS DO MONTURO

(*Miravilha: liriai o campo dos olhos*, 2015)

O patriota

O Patriota ergue a mão, leva-a ao peito
canta emocionado o hino da nação
olha ao redor buscando algum suspeito
que não demonstre a mesma empolgação
O Patriota proclama no palanque
o amor ao povo à pátria e – acima – a deus
cristão do bem – defende que se espanque
quem não pense conforme pensam os seus
(O Patriota porém guarda em segredo
pessoais incentivos verdadeiros:
a moral que o inspira é um arremedo
cujos valores são – só – financeiros)

O Patriota viaja ao estrangeiro
e vende o país por *trinta dinheiros*

(2019)

ANDRÉ LUIZ PINTO
(1975, RIO DE JANEIRO, RJ)

Autor de *Flor à margem* (1999), *Primeiro de abril* (2004), *Ao léu* (2007), *Terno novo* (2012), *Nós, os dinossauros* (2016) e *Migalha* (2019), entre outros, é professor, ensaísta e poeta de recortes hiperbólicos, repleto de elipses e ironias veladas.

Ironia? Sem dúvida, mas sem cicuta...

Ironia? Sem dúvida, mas sem cicuta.
Cada um sonha com a revolução que merece
Revolução sem sair da poltrona.
Amor em não sair do lugar.
Um post em repúdio à ação da polícia.
Sonho (apenas sonho) com muitas formas de rebeldia.

Essa doença

Está verde e amarelo
        como vômito e pus

(*Migalha*, 2019)

ANDITYAS SOARES DE MOURA COSTA MATOS
(1979, BARBACENA, MG)

Contista, tradutor, ensaísta, professor, publicou, entre outros livros de poesia, *Ofuscações* (1997), *Lentus in umbra* (2001), *FOME-FORTE* (2005), *Auroras consurgem* (2010) e *Deus está dirigindo bêbado e nós estamos presos no porta-malas* (2019). Para Glauco Mattoso, "as cantigas de Andityas são galáctico-amaneiradas, digo, amineiradas". Talvez porque conterrâneo do ácido padre Correia de Almeida, presente no início desta antologia.

Teologia da libertação

Deus sabe
que votei feliz na última eleição
Deus sabe
que meu lixo é dividido em recicláveis e lixo de
                                            [verdade
Deus sabe
que minha mulher está saciada
Deus sabe
que não importa o que me incomoda na rua
Deus sabe
que o clima de hoje é igual ao de ontem
(com uma leve frente quente)
Deus sabe
que a propina que me deram é merecida
Deus sabe
que nunca quis cuspir na cara daquele viado
Deus sabe
que não estuprei essa menina
(ela queria)

Deus sabe
que eu acredito em Deus

Nossa madrugada no país esquecido

Aqui não se planta pimenta,
limão, a uva ácida. Provocam
distúrbios, reações, revoltas.

Quando Deus existir
quererá um mundo melhor.

(*Deus está dirigindo bêbado e nós estamos presos no porta--malas*, 2019)

MARIANA IANELLI
(1979, SÃO PAULO, SP)

Cronista e ensaísta, publicou, entre outros livros de poemas, *Trajetória de antes* (1999), *Fazer silêncio* (2005), *Almádena* (2007), *Treva alvorada* (2010), *O amor e depois* (2012), *Tempo de voltar* (2016) e *Moradas* (2021). Abastecida no cotidiano, mas aparentemente etérea e delicada, de impulsos simbolistas, sua poesia se revela mais na corrosão – do tempo, dos espaços e hierarquias, "do destino feito um lobo".

Os patriarcas

Nós que enlouquecemos de orgulho
Produzindo ferro e fazendo música,
Com que despeito vertemos nosso nojo,
Nosso uivo, nossa dor de criatura

E o que dizer do prazer subterrâneo
De atravessar desertos farejando sangue,
Qualquer coisa que se mova e resplandeça,
Uma infância para extirpar do mundo

E quanto ainda pode valer nossa aliança
Com o demônio do sarcasmo, essa jura
De um dia pousar sobre a nossa cara
O hálito quente do destino feito um lobo

Uma cicatriz feito um brasão de família,
Todos marcados, condecorados pelo crime,
Tantos filhos, tanta fúria depois
De termos gerado em nós os assassinos.

(*O amor e depois*, 2012)

HENRIQUE MARQUES SAMYN
(1980, RIO DE JANEIRO, RJ)

Igualmente ensaísta e crítico literário, publicou, entre outros livros de poemas, *Poemário do desterro* (2005), *Estudos sobre temas antigos* (2013) e *Levante* (2020). No livro mais recente, compõe o que podemos chamar de poesia-denúncia, na linha de Affonso Ávila, Solano Trindade, Conceição Evaristo e Carlos de Assumpção.

Sobreviventes, I

Perseguidos, acossados,
nas cadeias e senzalas,
    sobrevivem:

nas ruas e nos barracos,
nas matas e nas esquinas,
    sobrevivem:

ao ódio e ao genocídio,
à miséria, à fome, à polícia,
    sobrevivem:

porque insistem,
    sobrevivem.

Sobreviventes, II

Caveirão, crack, chacina,
pó, milícia, bala perdida,
tumbeiro, tronco, capitão do mato,
grupo de extermínio, racismo velado:

choque, açoite, desemprego,
estupro, assédio, raiva, medo,
vergalho, auto de resistência –

    temos o vício da sobrevivência.

(*Levante*, 2020)

ELISA ANDRADE BUZZO
(1981, SÃO PAULO, SP)

Também editora, jornalista e cronista, publicou os livros de poemas *Se lá no sol* (2005), *Canção retrátil* (2010), *Vário som* (2012) e *Notas errantes* (2017). Elisa nos dá o recado final, que conclui este longo percurso antológico – e "assim ao futuro chegamos" neste "vicioso círculo" que começou com Gregório de Matos e termina...

Nesse eterno abandono colonial

Nesse eterno
abandono colonial
acaba o pau-brasil tudo bem explorar-
-se-á outra coisa há fartura de petróleo
nheengatu e bananas veja é um país tropical
algemado pelos seus até um aparato medievo
soaria pouco menos anormal
novíssima república cuja metrópole
é a própria capital federal mero entreposto
esse animal contorcido os pulsos atados
aos calcâneos num gesto teatral e assim
ao futuro chegamos para admiração e
alucinação geral em hereditário e vicioso círculo

(*Notas errantes*, 2017)

**No entanto, duas
PÓS-EPÍGRAFES
porque este livro é feito também de esperança**

Não chores, meu filho;
Não chores, que a vida
É luta renhida:
Viver é lutar.
A vida é combate,
Que os fracos abate,
Que os fortes, os bravos,
Só pode exaltar.

GONÇALVES DIAS, "Canção do Tamoio"

Só a leve esperança, em toda a vida,
Disfarça a pena de viver, mais nada;
Nem é mais a existência, resumida,
Que uma grande esperança malograda.

O eterno sonho da alma desterrada,
Sonho que a traz ansiosa e embevecida,
É uma hora feliz, sempre adiada
E que não chega nunca em toda a vida.

Essa felicidade que supomos,
Árvore milagrosa que sonhamos
Toda arreada de dourados pomos,

Existe, sim; mas nós não a alcançamos
Porque está sempre apenas onde a pomos
E nunca a pomos onde nós estamos.

VICENTE DE CARVALHO, "Velho tema I"

AGRADECIMENTOS

A Alexei Bueno, Carlos Newton Júnior, Daniele Cajueiro, Eduardo Lacerda, Janaína Senna, Lia Sampaio, Luís Antonio Cajazeira Ramos, Rainer Seffrin, Ricardo Vieira Lima e Zé Tarcísio a minha gratidão. E também a todos os autores (e herdeiros) que autorizaram a publicação dos poemas. As ausências ficam por conta de quem não foi localizado ou preferiu, por diversos motivos, não autorizar. Não faltou empenho do antologista, que, de qualquer maneira, é grato a todos.

SOBRE O ORGANIZADOR

André Seffrin nasceu em Júlio de Castilhos, Rio Grande do Sul, em 1965. Durante 11 anos viveu no Paraná e em 1987 fixou residência no Rio de Janeiro. Ensaísta, organizador de antologias e pesquisador independente, escreveu cerca de duas centenas de apresentações, prefácios e posfácios para edições de escritores brasileiros clássicos e contemporâneos. Autor de ensaios críticos e biográficos, alguns em edições de arte (*Joaquim Tenreiro, Paulo Osorio Flores, Sérgio Rodrigues*), foi também colaborador de jornais e revistas (*Jornal do Brasil, Jornal da Tarde, O Globo, Manchete, Gazeta Mercantil, Entre-Livros* etc.) e coordenou coleções de literatura para diversas editoras.

Direção editorial
Daniele Cajueiro

Editora responsável
Janaína Senna

Produção editorial
Adriana Torres
Laiane Flores
Daniel Dargains

Revisão
Rita Godoy
Alessandra Volkert

Projeto gráfico
Camila Cortez

Diagramação
Douglas Kenji Watanabe

Este livro foi impresso em 2021
para a Nova Fronteira